APUNTES PASTORALES

APUNTES PASTORALES

Una guía esencial para el estudio de las escrituras.

Gálatas

¡Español!

BROADMAN
& HOLMAN
PUBLISHERS

1 2 3 4 5   02 01 00 99 98

CONTENIDO

PRÓLOGO

Estimado lector:

Apuntes Pastorales ha sido diseñado para proporcionarle, paso a paso, un vistazo panorámico de cada libro de la Biblia. No pretende sustituir al texto bíblico; más bien, es una guía de estudio cuya intención es ayudarle a explorar la sabiduría de las Escrituras en un estudio personal o de grupo, y aplicar esa sabiduría de manera exitosa en su vida.

Apuntes Pastorales le guía a través de los temas principales de cada libro de la Biblia y aclaran detalles fascinantes mediante comentarios y notas de referencia apropiados. La información sobre los antecendes históricos y culturales dan un sabor y enfoque especial al contenido bíblico.

A lo largo de la serie se han utilizado seis iconos para llamar su atención a la información histórica y cultural, a las referencias al Antiguo y Nuevo Testamentos, imágenes verbales, resúmenes de unidades y aplicación personal a la vida diaria.

Ya sea que esté dando usted los primeros pasos en el estudio de la Biblia o que sea un veterano, creo que encontrará en *Apuntes Pastorales* un recurso que lo llevará a un nuevo nivel en su descubrimiento y aplicación de las riquezas de la Escritura.

Fraternalmente en Cristo,

David R. Shepherd
Director Editorial

DISEÑADO PARA EL USUARIO OCUPADO

Apuntes Pastorales sobre la epístola a los Gálatas ha sido diseñado para proporcionarle una herramienta fácil de usar a fin de poder dominar las características importantes de este libro de la Biblia y de lograr una mejor comprensión del mensaje de esta epístola. La información que aparece en obras de referencia más difíciles de usar ha sido incorporada en el formato de *Apuntes Pastorales*. Esto le ofrece los beneficios de obras más avanzadas y extensas concentrados en un tomo pequeño.

Apuntes Pastorales es para laicos, pastores, maestros, líderes y participantes de pequeños grupos al igual que para el alumno en el aula. Enriquezca su estudio personal o su momento devocional íntimo. Acorte el tiempo de preparación para su clase o pequeño grupo al ir captando valiosas percepciones de las verdades de la Palabra de Dios que puede pasar a sus alumnos o miembros de su grupo.

DISEÑADO PARA SER DE FACIL ACCESO

Los estudiantes de la Biblia con tiempo limitado apreciarán especialmente las ayudas que han sido incorporadas en *Apuntes Pastorales* y que les ahorrará tiempo. Todas tienen la intención de lograr un encuentro rápido y conciso con el corazón del mensaje de la epístola a los Gálatas .

Comentario conciso. La carta a los Gálatas está repleta de personajes, lugares y acontecimientos. Las breves secciones brindan rápidas "fotos instantáneas" de las narraciones y argumentos del apóstol Pablo, recalcando puntos importantes y otra información.

Texto bosquejado. Un bosquejo extenso abarca el texto completo de Gálatas. Esta es una valiosa ayuda para seguir la fluidez de la narración, dando una manera rápida y fácil de localizar algún pasaje en particular.

Apuntes Pastorales. Son declaraciones resumidas que aparecen al final de cada sección clave de la narración. Aunque sirven en parte como un rápido resumen, también brindan la esencia del mensaje presentado en las secciones que cubren.

Iconos. Varios iconos en el margen recalcan temas recurrentes en la epístola y ayudan en la búsqueda selectiva o ubicación de esos temas.

Acotaciones al margen y gráficas. Estas ayudas especialmente seleccionadas brindan información adicional del trasfondo a su estudio o preparación. Contienen definiciones tanto como observaciones culturales, históricas y bíblicas.

Mapas. Estos se encuentran en los lugares apropiados en el libro para ayudarle a comprender y estudiar determinado texto o pasaje.

Preguntas para guiar su estudio. Son preguntas que impulsan a pensar y sirven para comenzar un diálogo. Han sido diseñadas para estimular la interacción con las verdades y los principios de la Palabra de Dios.

DISEÑADO PARA AYUDARLE A USTED

Estudio personal. Al usar *Apuntes Pastorales* con un pasaje bíblico puede arrojar luz sobre su estudio y llevarle a un nuevo nivel. Tiene a mano información que le exigiría buscar en varios tomos para encontrarla. Además, se incluyen muchos puntos de aplicación a lo largo del libro que contribuyen a su crecimiento personal.

Para enseñar. Los bosquejos enmarcan el texto de Gálatas y le proporcionan una presentación lógica del mensaje. Los pensamientos en cápsulas redactados como *Apuntes Pastorales* aportan declaraciones breves que presentan la esencia de los puntos y acontecimientos clave. Los iconos que simbolizan aplicación destacan la aplicación personal del mensaje de Gálatas. Los iconos que simbolizan el contexto histórico y cultural indican dónde aparece la información de trasfondo.

Grupos de estudio. *Apuntes Pastorales* puede ser un excelente tomo compañero para usar a fin de obtener una comprensión rápida pero correcta del mensaje de un libro de la Biblia. Cada miembro del grupo puede beneficiarse al contar con su propio ejemplar. El formato de *Apuntes Pastorales* facilita el estudio y la ubicación de los temas a lo largo de la epístola. Los líderes pueden usar sus características flexibles para preparar las sesiones del grupo o para usarlas en el desarrollo de las mismas. Las preguntas para guiar su estudio pueden generar el diálogo sobre los puntos y verdades clave del mensaje de Gálatas.

LISTA DE ICONOS USADOS EN EL MARGEN DE GALATAS

 Apuntes Pastorales. Aparece al final de cada sección. Es una declaración "en cápsula" que provee al lector la esencia del mensaje de esa sección.

 Referencia al Antiguo Testamento. Se usa cuando el escritor hace referencia a pasajes del Antiguo Testamento que se relacionan con el pasaje o que inciden sobre la comprensión o interpretación del mismo.

 Referencia al Nuevo Testamento. Usado cuando el escritor hace referencia a pasajes del Nuevo Testamento que se relacionan con el pasaje o que inciden sobre la comprensión o interpretación del mismo.

 Antecedente histórico. Se emplea para indicar una información histórica, cultural, geográfica o biográfica que arroja luz sobre la comprensión o interpretación de un pasaje.

 Aplicación personal. Usado cuando el texto brinda una aplicación personal o universal de una verdad.

 Imagen verbal. Indica que el significado de una palabra o frase específica es ilustrada a fin de arrojar luz sobre ella.

Gálatas es considerado como uno de los libros más importantes del Nuevo Testamento, y es crucial para ayudar a entender al apóstol Pablo. Fue escrito en el fragor de una de las más importantes batallas, y nos aclara facetas vitales de la mente y el corazón del apóstol. El libro de Gálatas es básico para poder entender la fe cristiana. Profundiza sobre la pregunta: "¿Cómo puede una persona entrar en una relación correcta con Dios?"

Esta epístola es esencial en el desarrollo de la historia cristiana. Mil quinientos años después de que Pablo escribiera esta carta, un monje alemán llamado Martín Lutero encontró que era su guía para liberarse de las ataduras y alcanzar la verdadera libertad cristiana. Lutero amaba tanto esta epístola que la llamaba su *Katie von Bora,* ¡que era el nombre de su esposa!

Gálatas es muy pertinente hoy en día, pues la cristiandad está amenazada, por un lado, por los cultos legalistas y el orgullo de la propia santidad y, por otro, por la tendencia de aquellos que quieren transformar la libertad cristiana en libertinaje.

Un estudio detallado de esta carta en sus planteamientos originales nos ayudará a entender su mensaje y aplicar sus verdades a nuestra vida.

EL AUTOR

Con excepción de uno o dos críticos extremistas de períodos anteriores, nadie discute que Pablo es el autor de Gálatas. No sólo menciona su nombre al comienzo (1:1) y cerca del final (5:2), sino que dedica los dos primeros capítulos a describir su experiencia como apóstol a los gentiles. Nadie encaja tan bien en esta descripción como el mismo Pablo.

En el siglo tercero a. de J. C. las tribus nómadas de los galos, provenientes de Europa, entraron dentro del área. Lucharon contra los habitantes de la región hasta que fueron vencidos y confinados a una zona que luego vino a ser conocida como el reino de Galacia, debido al nombre de galos. Galacia se mantuvo como reino independiente hasta la muerte del rey Amintas ocurrida en el año 25 a. de J. C., momento en el cual esa parte de Asia Menor pasó al dominio de Roma.

A través de la epístola se resaltan ciertas características importantes del apóstol. Fue un predicador que expuso su teología en contraste con unos antecedentes de intensa experiencia personal. Recibió su mensaje por revelación de Jesucristo (1:12), y en forma fidedigna comunicó esta revelación con pasión y poder. Así como era profundamente espiritual, también era completamente humano. Expresó sorpresa (1:6), desilusión y temor (4:11). Se sintió perplejo (4:20). Demostró enojo e impaciencia (1:9; 2:14; 5:12; 6:17).

DESTINATARIOS

Pablo dirigió su carta a "las iglesias de Galacia" (1:2), y a sus lectores los llamó "gálatas" (3:1). ¿Dónde queda Galacia y quiénes son los gálatas? Hay dos posibles respuestas a esta pregunta, y bastante desacuerdo en cuanto a cuál es la correcta.

La primera respuesta es que Galacia era una región montañosa en el centro del Asia Menor, en lo que hoy es Turquía. Incluía las ciudades de Pesinus, Ancira (hoy Ankara, capital de Turquía) y Tavio.

Los romanos expandieron la provincia de Galacia hacia el sur para incluir partes de Licaonia, Frigia y Pisidia. Por lo tanto, el nombre Galacia puede haber incluido el viejo reino de las tierras montañosas del norte, o la provincia romana que incluyó otros territorios del sur.

Durante mucho tiempo en la historia del cristianismo se pensó que Pablo dirigió esta carta a la Galacia territorial y étnica, es decir, al área del antiguo reino gálico. Este punto de vista se conoce como Teoría de Galacia del Norte. En el se asume que Pablo llevó a cabo trabajo misionero en Galacia del Norte (Hch. 16:6) durante su segundo viaje misionero y al comienzo del tercer viaje (Hch. 18:23). Algunos comentaristas, especialmente los eruditos europeos, mantienen hoy en día este punto de vista.

Segundo, otros comentaristas, incluyendo la mayoría de los británicos y estadounidenses, se inclinan por la Teoría de Galacia del Sur, aunque admiten que hay buenos argumentos en ambos lados. En esta teoría del Sur se considera a Galacia como la provincia romana, particularmente la parte sur donde Pablo estuvo durante su primer viaje misionero y fundó iglesias en Antioquía de Pisidia, Iconio, Listra y Derbe.

Los que abogan por la teoría de Galacia del Norte señalan que Lucas no habló en Hechos de Antioquía, Listra, Derbe e Iconio como poblaciones de Galacia, y es posible que Pablo tampoco lo haya hecho. Afirman que Galacia debe ser un término geográfico porque Lucas usó designaciones geográficas tales como Pisidia, Frigia y Licaonia en Hechos. Agregan que la gente de la zona sur no se debería llamar gálatas, aun cuando la provincia fuera llamada Galacia.

Los que proponen la teoría de Galacia del Sur dicen que en sus otros escritos Pablo habló en términos de provincias romanas, y no de territorios geográficos. También piensan que esas aisladas áreas montañosas del norte de Galacia no deben haber sido escenario de la actividad de los judaizantes que combatían a Pablo. El mismo apóstol hablaba de Bernabé como alguien que era bien conocido por los gálatas, y sabemos que Bernabé acompañó a Pablo en su campaña en el territorio sur. Por último, sostienen que no hay evidencias claras que indiquen que Pablo estuvo alguna vez en el territorio de Galacia del Norte. Resulta más razonable, dicen, pensar en términos del área sobre la que disponemos de abundantes informes sobre la actividad de Pablo.

Las evidencias a favor de la teoría de Galacia del Sur parecen más convincentes, aunque no se pueden considerar irrefutables. En ambos casos la interpretación de la epístola no cambia. El principal punto de diferencia estaría en las fechas.

FECHA DE ESCRITURA DE LA EPISTOLA

La teoría de Galacia del Norte implicaría asignar una fecha posterior a la carta dado que los supuestos trabajos en esa área comenzaron más tarde que los del Sur. Los que sostienen esta opinión, ubican la fecha en que fue escrita durante el tercer viaje misionero, posiblemente desde Efeso y alrededor del año 55 d. J.C.

La teoría de Galacia del Sur permite, pero no lo requiere, una fecha más temprana. Algunos estudiosos creen que fue escrita antes del Concilio de Jerusalén, descrito en Hechos 15, porque en ella no se menciona esa decisión tan importante relativa al ministerio a los gentiles. Si hubiera sido escrita antes del Concilio, su fecha estaría alrededor del año 49 d. J. C., y sería las más antigua de las cartas de Pablo. Esta fecha más temprana facilitaría el entender la inconsistente actitud de Pedro hacia el compañerismo con los gentiles (Gá. 2:11–14).

Otros creen que la teología expresada en Gálatas está más cercana a la que encontramos en Romanos y 1 y 2 Corintios, las cuales fueron escritas en fecha posterior. Ellos mantienen que si se hubiera escrito en fecha anterior, reflejaría más los conceptos doctrinales que encontramos en 1 y 2 Tesalonicenses, las cuales fueron escritas con anterioridad. Tanto los de la teoría del Norte como los de la teoría del Sur, proponen que la epístola a los Gálatas fue escrita alrededor del año 55 d. J. C. En el cuadro siguiente se contrastan los dos enfoques.

Teoria Galacia del Norte	Teoria Galacia del Sur
1. Primer viaje misionero de Pablo	1. Primer viaje misionero de Pablo
2. Concilio de Jerusalén	2. Se escribió Gálatas
3. Segundo viaje misionero de Pablo	3. Concilio de Jerusalén
4. Se escribió Gálatas	4. Segundo viaje misionero de Pablo

OCASION Y PROPOSITO

Ocasión. Pablo había sido tan devoto de la ley y de las tradiciones del judaísmo como cualquiera de ellos, pero fue el primero en ver clara y completamente que esas cosas no eran necesarias. Dios lo guió a predicar la salvación a los gentiles, y rápidamente vio que la fe en Cristo es lo que justifica a una persona, y no las obras de la ley.

Había otros cristianos, además de Pablo, que habían sido fariseos. Cuando Pablo y Bernabé regresaron del primer viaje misionero encontraron a algunos de estos en Antioquía que decían a los creyentes que la circuncisión era indispensable para la salvación (Hch. 15:1). Esta situación condujo a que se celebrara un concilio en Jerusalén, donde, de nuevo, encontraron que los fariseos que habían creído exhortaban a todos a obedecer la ley de Moisés (Hch. 15:5). El concilio, bajo la dirección de Santiago y Pedro, decidió que los gentiles que creyeran no tenían por qué someterse a la ley judía. La carta que escribieron sobre el tema daba a entender que los judaizantes habían estado activos, no sólo en Antioquía, sino a través de Siria y Cilicia (Hch. 15:23, 24).

Objetivo. Con esos antecedentes en mente es fácil entender lo que debía haber ocurrido en las iglesias de los gálatas. Pablo había ido a Galacia con las buenas nuevas de salvación en Cristo. Tenía bien claros tres objetivos íntimamente relaciona-

Los cristianos hoy olvidan a veces que los primeros creyentes eran judíos, y continuaron siéndolo después de convertirse en cristianos. Al principio no les pasaba por la mente que alguien pudiera ser cristiano sin ser judío. Sólo de manera muy gradual llegaron a entender que el evangelio ofrecía una base radicalmente nueva y diferente para una correcta relación con Dios. Para ellos era duro concebir que alguien pudiera estar en buena relación con Dios sin haber sido circuncidado y sin guardar los requerimientos de la ley judía.

dos cuando escribió la epístola a los gálatas. Estos objetivos eran:

1. Estaba defendiendo su autoridad como apóstol frente a aquellos que se resistían a aceptarlo.
2. Estaba afirmando, explicando y demostrando el mensaje del evangelio.
3. Estaba aplicando el mensaje del evangelio a la vida diaria, por el poder del Espíritu Santo.

La mayoría de los gálatas que habían creído eran gentiles y no tenían antecedentes en el judaísmo. Ellos encontraron en Cristo la salvación y la libertad; pero, cuando Pablo salió de esta región, sus oponentes, los judaizantes, estaban preparados para entrar en acción. Rápidamente los gálatas fueron confundidos (Gá. 1:6) pues, como todo nuevo convertido, estaban ansiosos de actuar bien y demostrar su fidelidad. Entonces, cuando llegaron estos nuevos maestros diciendo tener la autoridad de los apóstoles de Jerusalén, deslumbraron a los gálatas y al momento estaban dispuestos a agregar la circuncisión y la ley a su fe en Cristo.

Para Pablo esto significaba una crisis muy importante, pues de no detener esta falsa actitud, el cristianismo pasaría a ser una simple forma de culto del judaísmo. La libertad en Cristo sería cambiada por una nueva clase de esclavitud y el evangelio sería irremediablemente distorsionado. Era necesario actuar de inmediato y con gran energía. El apóstol se sentó y, bajo la guía del Espíritu Santo, escribió una apasionada confirmación del evangelio de la gracia.

LA ESTRUCTURA DE LA CARTA

En años recientes, los estudiosos del Nuevo Testamento han dedicado mucha atención a la estructura y forma de las epístolas paulinas. A este fin han analizado las características literarias de las mismas y las han comparado con otras cartas del mundo helenístico que se han conservado hasta nuestros días. En la época de Pablo la escritura de cartas en el mundo romano había llegado a convertirse en un arte distinguido entre la clientela profesional de las élites educadas.

Por lo general, las epístolas de Pablo parecen seguir el esquema común del modelo de cartas helenísticas, con una forma básica que consiste de cinco secciones principales.

BOSQUEJO

Un rápida mirada al texto de Gálatas nos muestra que se sigue este esquema con bastante fidelidad, con la excepción de que omite los agradecimientos o bendiciones. Esto nos permite delinear el bosquejo de Gálatas así:

1. Comienzo y salutación (1:1–5)
2. Parte esencial de la carta (1:6 hasta 4:31)
3. Enseñanza ética y exhortación (5:1 hasta 6:10)
4. Parte final (6:11–18).

CONTENIDO Y ESTILO LITERARIO

Contenido. El mensaje de Gálatas se puede resumir en un versículo clave: "Estad, pues, firmes en la libertad con que Cristo nos hizo libres, y no estéis otra vez sujetos al yugo de la esclavitud" (5:1).

El libro se compone de tres secciones, cada una con dos capítulos. Los capítulos 1 y 2 nos ofrecen la historia personal de Pablo como la base de su llamado a los gálatas. Los capítulos 3 y 4 nos ilustran sobre el fundamento teológico o doctrinal de ese llamado. Los capítulos 5 y 6 presentan su reto para llevar una vida espiritual.

El argumento es sólido y contundente. Pablo relata con detalles la historia de su apostolado

1. Un comienzo que incluye remitente, destinatario y salutación.
2. Agradecimiento o bendiciones, a menudo acompañados de una oración de intercesión, buenos deseos o salutaciones personales.
3. La parte esencial de la carta, además de citas de fuentes clásicas y argumentos.
4. Parénesis (instrucción o exhortación ética).
5. Parte final con mención de planes personales, referencias a amigos mutuos, y bendiciones.

para oponerlo a las falsas imposiciones de los judaizantes (1:1–2:14). Desarrolla la doctrina de la salvación por gracia desde varios ángulos, y comienza por su propio testimonio (2:15–21). Luego apela a la propia experiencia de los gálatas (3:1–5).

De allí pasa al Antiguo Testamento y demuestra que Abraham era el prototipo de la justificación por la fe (3:6–18). Luego continúa disertando sobre la ley y la promesa, y demuestra que el papel de la ley era temporal, mientras que la fe en la Palabra de Dios es permanente (3:19–29). Les advirtió sobre el regresar a la esclavitud y les recordó a los gálatas la experiencia que él había tenido con ellos (4:8–20). Pablo llega al clímax de esta sección doctrinal usando una alegoría tomada de la vida de Abraham, con la que ilustra la verdad espiritual con hechos históricos. Por cierto, este tipo de enfoque era muy utilizado en el mundo antiguo (4:21–31). Sobre esta base, Pablo hizo su práctico llamamiento.

La epístola a los Gálatas es en realidad un libro acerca de la relación de las personas con Dios. ¿Cómo puede el hombre encontrar paz con Dios y vivir en armonía con él? La respuesta es: "A través de la fe en Jesucristo." El problema se presenta cuando tratamos de agregar otros requisitos. Hay una fuerte tendencia en la gente que los impulsa a agregar otros requerimientos, o inclusive sustituir con ellos la fe en Cristo. Aunque actualmente la circuncisión no es un motivo de preocupación, hay otras cosas sí que lo son.

Estilo literario. El estilo de la carta es interesante e impresionante. Pablo usa muchas vívidas figuras de lenguaje y numerosas preguntas retóricas. Las referencias personales dan calor a la epístola y, mediante el uso del pronombre "nosotros", Pablo se identifica con sus lectores. Aunque no sabemos el efecto que esta carta tuvo sobre los gálatas, el hecho es que ha sido preservada y atesorada por las iglesias, lo cual indica que fue muy efectiva en lo que con ella se proponía. Esta carta evidencia la gran habilidad de Pablo como comunicador.

EL SIGNIFICADO DE GALATAS PARA EL DIA DE HOY

A primera vista la carta a los Gálatas parece ser un argumento contra la circuncisión y otros requisitos del "legalismo" judío. Si eso fuera todo, esta epístola no tendría mayor significación para la vida contemporánea. Esos requisitos fueron establecidos hace muchos años. La clave para acomodar Gálatas al tiempo presente es dirigir nuestra atención hacia los puntos más importantes y esenciales de dicha carta.

Es significativo el hecho que casi todos los cultos y formas distorsionadas de religión contienen cierta clase de "legalismo". Siempre hay el peligro, incluso hasta dentro de las principales iglesias cristianas, que nos inclinemos a sustituir, con nuestras mismas normas, los caminos de redención de Dios. ¿Por qué será que el "legalismo" es un peligro tan persistente?

Debe ser porque el "legalismo" estimula el orgullo, mientras que la fe en Cristo requiere arrepentimiento y humildad. Mientras la religión pueda ser reducida a regulaciones, aquellos que hacen un gran esfuerzo por cumplirlas, se sentirán bien por sus logros. El decir: "Mi única esperanza es la gracia de Dios en Cristo" es duro para el ego.

El "legalismo" es también natural en la experiencia humana. Pone a la religión al mismo nivel que la mayoría de nuestras experiencias, las cuales son actividades que implican esfuerzo y competencia.

También el "legalismo" es más fácil de manejar que la gracia. Si la justificación puede ser reducida a ciertos deberes bien definidos, cualquier persona puede cumplirlos con más facilidad que ejercitarse en la práctica de una fe que cambia vidas. La libertad cristiana requiere de la motivación interior producida por el Espíritu Santo, mientras que el "legalismo" dispone de una fuerza externa promovida por regulaciones y castigos. Aquellos que administran las regulaciones pueden controlar a los demás, como lo hacen muchos líderes de cultos al definir las reglas a su manera.

Por último, el "legalismo" da la impresión de ser más seguro que la gracia. La libertad es peligrosa. Cuando las decisiones son dejadas a la conciencia individual, hay mayor peligro de confusión y equivocaciones. La gente insegura teme que la vida se le pueda escapar de su control. Se sienten mejor si alguien con autoridad les dice lo que tienen que hacer.

Gálatas se refiere no sólo al permanente peligro del "legalismo", sino a otra tendencia de la vida moderna, como es el abuso de la libertad y la ausencia de un orden moral. Los legalistas están en lo cierto al afirmar que el control es necesario. En lo que están errados es en cuanto a cuál debe ser el origen del control. Las restricciones externas de la ley son por lo general poco efectivas en crear un modo de vida moral. Esta moralidad sólo puede venir del interior de la persona, a medida que el Espíritu de Dios trabaja en ella.

PREGUNTAS PARA GUIAR SU ESTUDIO

1. ¿Cómo podemos saber que Pablo es el autor de la Epístola a los Gálatas?
2. ¿Cuáles son los puntos de debate entre las teorías Galacia del Norte y Galacia del Sur?
3. ¿Por qué escribió Pablo esta carta a los cristianos de Galacia? ¿Por qué su contenido es tan relevante para los cristianos hoy?
4. Describa la estructura de la carta a los Gálatas. ¿Cómo presenta Pablo su argumento?

La vida y ministerio de Pablo

SUCESOS MAS IMPORTANTES	PASAJES EN LA BIBLIA		POSIBLES FECHAS
	Hechos	Gálatas	
Nacimiento			Año 1 d. J. C.
Conversión	9:1–25	1:11–17	Año 33
Primera visita a Jerusalén	9:26–30	1:18–20	Año 36
Hambruna	11:25–30	2:1–10?	Año 46
Primer viaje misionero	13:1—14:28		Año 47–48
Concilio apostólico en Jerusalén	15:1–29	2:1–10?	Año 49
Segundo viaje misionero	15:36–18:21		
Carta a los Gálatas			Año 53–55
Tercer viaje misionero	18:23–21:6		Año 53–57
Carta a los Corintios			Año 55
Arresto y prisión en Jerusalén y Cesarea	21:8–26:32		Año 57
Prisión en Roma	27:1–28:30		Año 60–62
Carta a los Efesios			Año 60–62
Muerte			Año 67

¿Cómo era la apariencia física de Pablo?

El significado literal del nombre Pablo es "pequeño". La descripción física más antigua que disponemos de Pablo proviene de *Los Hechos de Pablo y Tecla*, un escrito apócrifo del segundo siglo que describe al apóstol como "un hombre de pequeña estatura, calvo y de piernas torcidas, con un cuerpo en buen estado; algunas veces tenía apariencia de hombre, y otras de ángel". E. Hennecke y W. Schneemelcher

Aunque fue escrito muchos años después de su muerte, estas palabras bien pueden reflejar una tradición auténtica acerca de la apariencia de Pablo.

LA SALUTACION APOSTOLICA (1:1–5)

Cuando Pablo escribió a los creyentes comenzó sus cartas en la forma tradicional de la época. Las cartas en el primer siglo, fueran de judíos o de griegos, por lo general comenzaban con una salutación que incluía tres partes: el nombre del remitente, el del destinatario y un elaborado saludo. (Ver "Estructura de la Epístola" en la Introducción).

Pero las cartas de Pablo eran algo más que una carta ordinaria. Eran frases inspiradas en el evangelio y vehementes defensas del llamado que había recibido y de su misión como apóstol. Hasta en las salutaciones de sus cartas dejaba establecidas sus más profundas convicciones y expresaba los puntos clave de su mensaje. Esto se hace especialmente evidente en estos primeros versículos de Gálatas.

El remitente (vv. 1, 2a)

El escritor se identifica a sí mismo como "Pablo, un apóstol".

En el Nuevo Testamento la palabra *apóstol* se aplica en primer lugar a los doce a quienes Jesús llamó como sus primeros discípulos. Uno de los requisitos para ser un apóstol en este sentido, era que esa persona tenía que haber sido testigo de la resurrección de Jesús.

En esta salutación Pablo introduce lo que será un tema importante de Gálatas. El es un apóstol, literalmente, "no de hombres ni por hombre". Más bien, su llamado y comisión venían directamente a través de Cristo y de Dios el Padre, quien había levantado a Jesús de entre los muertos.

Tomado de Timothy George, *Gálatas*, vol. 30, New American Commentary [Nuevo Comentario Americano] (Nashville, Tenn.: Broadman y Holman Publishers, 1994), pág. 20.

Los destinatarios (v. 2b)

En el Nuevo Testamento encontramos que la palabra *iglesia* se usa en dos sentidos. Algunas veces se refiere a toda la multitud de los redimidos en todas las épocas y lugares, el cuerpo de Cristo extendido a través del tiempo y del espacio. Sin embargo, otras veces y con mayor frecuencia, Pablo usa la palabra *iglesia* en Gálatas para referirse a la congregación local de creyentes bautizados que se reúnen de manera regular para adorar y testificar.

La salutación (vv. 3–5)

La epístola a los Gálatas comienza y termina deseando la "gracia". Los versículos 3–5 forman la conclusión de la salutación, que en el griego es una sola frase inspirada, son sin duda alguna la forma acostumbrada en que la comunidad comenzaba y terminaba sus actos litúrgicos: "gracia y paz" al comenzar, y "amén" para concluir. De hecho, cada una de las cartas de Pablo en el Nuevo Testamento comienza con una referencia a la "gracia y paz". Sin embargo, tenemos que entender que para Pablo esto es más que una forma litúrgica. "Gracia y paz" resumen la forma en que Dios trata con los seres humanos. La gracia es la bondadosa e inmerecida intención de Dios a favor de los pecadores. La paz es el resultado de la gracia recibida.

Pablo atribuye esta doble bendición a una sola fuente: Al único Dios que se conoce y que se revela a sí mismo como Padre, Hijo y Espíritu Santo. Vemos la gracia en la muerte de Cristo en la cruz por nosotros. La paz resulta cuando él nos libera de este mundo maligno.

"El presente siglo malo" a que Pablo hace referencia es el contexto en el cual el propósito de salvación de Dios se desarrolla hoy. Cristo nos ha rescatado de este presente siglo malo al justificarnos por la fe y por el derramamiento de su

Espíritu en nuestra vida. Pero aunque Cristo nos ha rescatado de este siglo malo, no nos ha sacado de él.

Pablo termina su salutación con una expresión de alabanza y adoración, a manera de doxología: "A quien sea la gloria por los siglos de los siglos. Amén." Esta conclusión de Pablo no es una mera formalidad, pues resalta aquí que para contemplar lo que es Dios, y lo que ha hecho en Cristo Jesús, debemos caer de rodillas en adoración, agradecimiento y alabanza.

NO HAY OTRO EVANGELIO (1:6–10)

La crisis en Galacia (vv. 6, 7)

Pablo acostumbraba a comenzar sus cartas con palabras de aprecio para sus lectores. Así lo hizo hasta con los Corintios (1 Co. 1:4–9), cuya conducta descuidada había creado numerosos problemas y, a pesar de todo, Pablo tuvo palabras de alabanza y encomio. Sin embargo, no lo hace así para con las iglesias en Galacia.

La transición de la salutación al cuerpo de la carta es tan brusca, que hasta se hace chocante. Pablo se maravillaba de lo que los gálatas estaban haciendo. Olag M. Norlie traduce esta frase como "estoy atónito". El tiempo del verbo usado implica que Pablo estaba en un continuo estado de sorpresa, o atónito ante lo que los gálatas habían hecho (Herschel H. Hobbs, *Galatians* [Gálatas]. Dallas: Word, 1978, 23). El quería que supieran lo sorprendido que estaba por el nuevo camino que habían tomado, creyendo que, al saberlo, se harían conscientes del error en que estaban incurriendo. También les hizo saber en términos inequívocos que el curso que habían tomado era incorrecto.

"Desertar"

Pablo dijo a los gálatas que estaban desertando de Dios. Este verbo desertar tiene un significado sorprendente. Literalmente significa "traer a otro lugar". Históricamente la palabra era usada para calificar las defecciones en el campo militar o político. A menudo tenía la connotación de un cambio religioso, filosófico o moral. Al usar esta palabra Pablo estaba llamando a los gálatas tránsfugas o renegados.

Ellos se habían "alejado de Dios" (habían desertado), de aquel que los había llamado a la gracia en Cristo "para seguir un evangelio diferente". Pablo contrastó el mensaje de los judaizantes con el evangelio. Parecía tratarse de otro evangelio, pues era tan diferente que terminaba no siendo evangelio. El idioma griego tiene dos vocablos para la palabra "otro". El usado en este caso significa "diferente". Al volverse hacia el "legalismo", los gálatas se había alejado del que los había llamado, de Dios mismo. La gracia de Cristo era su verdadera lealtad y la habían abandonado.

Los gálatas no habían entendido lo que en realidad Jesús representaba, ni el significado de su muerte vicaria en la cruz. A la obra perfecta de Cristo querían agregarle algo que, desde su punto de vista, les parecía correcto, muy razonable y religioso. No se daban cuenta de que el agregar *cualquier cosa* a la gracia la cambia en algo diferente y frustra el plan que Dios ha provisto para justificar ante su presencia al hombre pecador.

¡Anatema!

Esta es una palabra griega que se ha llevado a los idiomas modernos para traducir la expresión del hebreo que significa "destinado por Dios para la destrucción". Denota algo que es totalmente rechazado por Dios, como los ídolos y el botín que los israelitas capturaban en batallas con sus enemigos, y que se les había mandado que destruyeran.

El evangelio falsificado: ¡Anatema! (vv. 8, 9)

En estos versículos Pablo describe dos futuros escenarios con el fin de demostrar lo que va a enseñar. El dice: Supongamos que yo, Pablo, fuera y les anunciara un evangelio nuevo y diferente. Si esto hiciera, sea eternamente condenado. O supongamos que viniera un ángel del cielo y les predicara un evangelio diferente al que ya os predicamos, sea él también eternamente condenado. El hecho de que Pablo expresara esa condenación con las palabras más fuertes posibles, y luego las repitiera para enfatizarlas, hace de esta declaración una de las más duras en todo el Nuevo Testamento. La palabra traducida por "condenado" es el vocablo ¡*anatema*!

Herschel Hobbs observa que las palabras de Pablo suenan muy duras para nuestros oídos de estos días, donde el relativismo haría que la postura de Pablo no fuera considerada conveniente ni cortés. Pero Hobbs dice: "Nadie en su sano juicio acepta un banquero que diga que dos más dos son tres... Ni queremos un farmacéutico que mezcle cualesquiera drogas para complacer su capricho. Queremos que él siga de manera exacta las prescripciones del médico. Esto es una verdadera rigidez mental que aplicamos en materias de relativa importancia, como finanzas y salud, pero que muchos la condenan cuando se trata de materia religiosa" (Hobbs, *Galatians* [Gálatas], 27).

Las motivaciones de Pablo para su ministerio (v. 10)

Pablo dice que su fuerte reacción contra la desviación de los gálatas no es motivada por el deseo de ganar su aprobación. Es posible que eso de buscar aprobación de los hombres haya sido en otra época, pero ahora, cuando uno llega a ser siervo de Jesucristo, el corazón sólo quiere agradarlo a él, y lo demás poco importa.

■ *En los primeros diez versículos de Gálatas,*
■ *Pablo pasa de una salutación formal a una*
■ *apasionada advertencia a los cristianos de*
■ *Galacia que estaban al borde de un camino*
■ *que sería destructivo para ellos y para las*
■ *otras iglesias.*

LA REVELACION DE DIOS PARA PABLO (1:11–17)

Una vez planteado el problema, Pablo comienza ahora a desarrollar su argumento, el cual incluye al principio su historia que se encuentra expuesta en los dos capítulos iniciales de Gálatas.

Revelación.

Revelación es quitar el velo o traer a la luz algo que estaba oculto. "Se refiere a las acciones que Dios realiza para hacerse conocer por los humanos. Esta acción es necesaria porque los humanos, siendo limitados, no pueden llegar a conocer a Dios por su propia capacidad para descubrir. Así como los perros y los gatos no pueden investigar a su amo, y si pudieran no serían capaces de entenderlo, asimismo los humanos no tienen la capacidad de encontrar a Dios por su propio esfuerzo. Debido al amor que Dios tiene a sus criaturas humanas y a que quiere establecer compañerismo con ellos, él entonces se ha dado a conocer." Millard J. Erickson

La llamada de Pablo desde lo alto (vv. 11–12)

Estos dos versículos presentan el tema al que Pablo aludió en la introducción y que serán desarrollados de manera más amplia en la siguiente narración, que el evangelio que él predica a los gálatas no es invención de origen humano sino que viene directamente de Dios, "por revelación de Jesucristo". Para grabar esta verdad en sus oyentes, Pablo da inicio a su exposición con solemnidad: "Mas os hago saber..."

La frase traducida "según hombre" se refiere y aborda la doble negativa en 1:1: "no de hombres, ni por hombre." El apostolado de Pablo y su evangelio no provenían de humanos, ni le habían sido dados por ningún hombre.

Pablo sigue elaborando esta idea añadiendo dos características negativas para reforzar su aseveración de que su evangelio no vino por tradiciones humanas, ni le fue enseñado a través de los métodos educativos convencionales. Estas dos negativas señalan al mismo objetivo y son casi idénticas en significado.

Una vez que ha establecido que el evangelio no es de origen humano y que él lo recibió a través de una revelación directa de Cristo, Pablo ofrece cinco evidencias que apoyan su aseveración.

Evidencia	Pasaje
1. Nada del origen religioso de Pablo puede haber influido en él para que aceptara el evangelio	1:13–17
2. Pablo no fue un enviado de la iglesia deJerusalén	1:18–20
3. Aquellos a quienes Pablo había perseguido glorificaron a Dios por el cambio ocurrido en él.	1:21–24
4. El trabajo apostólico de Pablo fue reconocido por los líderes de la iglesia de Jerusalén	2:1–10
5. Pablo defendió al evangelio ante la actitud vacilante de Pedro en Antioquía	2:11–14

Después de esta extensa sección histórica, Pablo resume el tema central de su epístola (2:15–21) y luego les recuerda a los gálatas cómo Dios ha trabajado entre ellos desde su primera predicación del evangelio en su medio (3:1–5). De esta manera toda la sección histórica de esta carta nos lleva desde Saulo el perseguidor hasta Pablo el predicador. Este es el registro del movimiento del evangelio desde Damasco hasta Galacia.

La vida de Pablo antes de conocer a Cristo (vv. 13, 14)

El propósito principal de Pablo en estos versículos es demostrar que no existía nada en su pasado religioso ni en su vida antes de su conversión que pudiera haberlo preparado para una respuesta positiva al evangelio. Muy al contrario, su carrera anterior y su estilo de vida estuvieron moldeados por un fiel apego a las más estrictas tradiciones del judaísmo, que le había llevado a combatir a los creyentes en Cristo Jesús.

La forma en que Pablo utiliza el término *iglesia* refleja un marcado contraste con la forma anterior en que se dirigía a las "iglesias en Galacia". Es evidente que aquí tenía en mente la iglesia universal, el cuerpo de Cristo, el cual es la reunión de todos los redimidos a través del mundo.

■ *Si uno tiene a la vista los antecedentes de la*
■ *vida de Pablo, no se puede explicar su con-*
■ *versión. Para que un líder judío como él*
■ *pudiera cambiar de esa forma se requería*
■ *una intervención divina. El cambio de vida*
■ *de Pablo era una prueba de la validez de su*
■ *experiencia, "una revelación de Jesucristo".*

La conversión de Pablo y su llamamiento (vv. 15–17)

Pablo describe esta soberana iniciativa de Dios en términos de tres hechos distintos, todos los cuales estuvieron de acuerdo con su buena voluntad:

1. *Pablo fue apartado.*
2. *Pablo fue llamado.* No sólo fue escogido desde la eternidad y apartado desde el vientre de su madre, sino que también fue llamado por Dios en determinado momento de su vida.
3. *Dios reveló a su Hijo a través de Pablo.* Muchos comentaristas creen que Pablo aquí se refería a su encuentro con el Cristo resucitado en el camino a Damasco. Por lo tanto, la expresión "revelar a su Hijo en mí" es otra forma de describir el llamado que Pablo recibió en esta situación coyuntural de su vida.

LA PRIMERA VISITA DE PABLO A JERUSALEN (1:18–24)

Aquí comienza Pablo su segunda línea de defensa. Un apretado y entretejido argumento diseñado para demostrar que sus contactos con

Pablo usó la palabra que también hemos traducido como "apartado" en Romanos 1:1, donde se describe a sí mismo como uno que ha sido "apartado para el evangelio de Dios". De manera literal, la palabra significa "determinar de antemano". Pablo tenía en mente algo que era aun anterior a su nacimiento: Que Dios, en su eterna predestinación y buena voluntad, nos había escogido en Cristo desde antes de la creación del mundo (Ef. 1:4).

la iglesia de Jerusalén eran tales que de ninguna manera hubiera podido depender de ella o de sus líderes para recibir su autoridad, al menos para esta porción de la revelación que Cristo le había impartido a él de manera personal.

A continuación de su conversión Pablo no fue a Jerusalén, sino que se dirigió a Arabia.

Algunos han sugerido que Pablo fue a Arabia para predicar el evangelio. Lucas nos dice que Pablo comenzó a predicar en Damasco, inmediatamente después de su conversión. Otros creen que fue a Arabia a una especie de retiro, un tiempo de reflexión y estudio de las Escrituras, y para orar. Este tiempo era necesario para que Pablo pudiera asimilar el encuentro con Cristo en el camino a Damasco.

Estas razones para que Pablo fuera a Arabia no se excluyen mutuamente, pues ambas pueden ser ciertas.

Arabia.

La Arabia de los días de Pablo no tenía exactamente las fronteras de la Arabia Saudita de hoy en día. Aquella era un vasto territorio limitado por el mar Rojo por el sudoeste, y por el Golfo Pérsico y el río Eufrates por el nordeste.

Pablo se encuentra con Pedro (vv. 18, 19)
Pablo dice: "Subí a Jerusalén para ver a Pedro."

La referencia de "pasados tres años" no es precisa. No quiere decir necesariamente que Pablo pasó tres años en Arabia. Tampoco implica que pasaron tres años entre su conversión y su viaje a Jerusalén. Durante ese tiempo el evangelio que el Señor le había impartido ya habría sido bien asimilado.

A su arribo a Jerusalén, Pablo fue alojado por Pedro. ¡Nos hubiera gustado mucho haber estado allí con ellos durante sus conversaciones en la horas de comida!

A. T. Robertson nos lleva con su imaginación a un posible escenario:

> Es placentero pensar en ellos juntos en este lugar
> en Jerusalén para pasar dos semanas. Lo lógico

Jacobo, el hermano de Jesús.

Aquí tenemos siete hechos bien establecidos acerca de Jacobo.

Jacobo es uno de los más importantes y fascinantes personajes de la iglesia primitiva, aunque hay mucho acerca de él que desconocemos. Sin embargo, los siguientes hechos están firmemente establecidos:

1. Jacobo no fue un seguidor de Jesús durante su vida en la tierra.

2. Jesús se le apareció de manera especial después de su resurrección (1 Co. 15:7).

3. Jacobo se hizo miembro de la iglesia de Jerusalén.

4. Jacobo se destacó y llegó a ocupar una posición de liderazgo dentro de la iglesia de Jerusalén.

5. Jacobo es conocido como el "justo", lo que obviamente se debió a su piedad personal y a la observancia de las costumbres judías.

6. Jacobo escribió con toda probabilidad la epístola universal que lleva su nombre.

7. En el año 62 d. J.C. Jacobo fue asesinado con la complicidad de los saduceos que administraban el templo.

sería que Pablo fuera quien oyera y aprendiera de Pedro cuando éste relatara la historia de Jesús y su profunda vinculación con esta ciudad. Cerca estaba Betania; aquí se veía por dónde hizo su entrada triunfal en Jerusalén; hacia abajo estaba Getsemaní, donde Pedro se había quedado dormido; aquí fue arrestado Jesús; más allá tuvo lugar el juicio y allí mismo Pedro lo había negado; en aquella colina fue crucificado; y en ese sepulcro le pusieron. ¡Mirad! aquí fue donde Jesús se apareció a Pedro después de su resurrección; en este aposento alto apareció dos veces ante sus discípulos; arriba, en el monte de los Olivos, está el lugar donde le vieron por última vez cuando ascendía en una nube al cielo. A. T. Robertson

Pablo aprendió detalles históricos acerca de la vida de Jesús. Pedro aprendió de Pablo lo que el Señor resucitado le había impartido con respecto al evangelio, y cómo esto se relacionaba con lo revelado por Dios antes de Cristo.

Un punto importante aquí es que Pablo no estaba buscando autorización para llevar su mensaje, ni que Pedro le convalidara su ministerio. Lo que sí buscó fue un íntimo compañerismo en las cosas del Señor, así como un consorcio estratégico en la común empresa de la misión apostólica.

Además de Pedro, al único apóstol que conoció fue a Jacobo, el hermano del Señor. Pablo incluye a Jacobo entre los apóstoles, aun cuando no fue uno de los doce. Aparentemente, el término *apóstol* se aplicó a otros líderes fuera del círculo original.

¡Qué el Señor me libre! (v. 20)

Entonces Pablo hizo valer la solemne advertencia de que todo lo que estaba diciendo era la verdad. El tema era tan importante que Pablo sintió que debía dejarlo bien claro y en los términos más indubitables: "En esto que os escribo, he aquí delante de Dios que no miento." El no era un apóstol de segunda clase que dependiera de otros para dar su mensaje y que estuviera sujeto a ser corregido. Su fe y su llamado vinieron por revelación de Cristo mismo.

Una misión a Siria y a Cilicia (v. 21)

Según Hechos 9:26–30, Pablo debió salir de Jerusalén porque sus predicaciones provocaron la ira de los judíos helenistas de la ciudad. Como su vida estaba en peligro, se fue a Tarso. Desde allí recorrió las regiones de Siria y Cilicia, las cuales formaban parte de la misma provincia romana. ¿Cuál fue el resultado del ministerio de Pablo en estos sitios? No estamos seguros, pero está claro que en referencias posteriores en el libro de Hechos, el testimonio de Pablo llevó mucho fruto en la conversión de nuevos creyentes y en el establecimiento de varias iglesias.

La reacción en Judea hacia Pablo (vv. 22–24)

En estos versículos finales, Pablo cambió la perspectiva de sus actividades misioneras, y se concentró en el ambiente alrededor de Jerusalén. Recopiló notas sobre la reacción de las iglesias de Jerusalén ante su ministerio inicial. Al hacerlo se refirió a tres hechos: (1) Su falta de relación personal con las iglesias de Judea; (2) el efecto que su trabajo estaba teniendo sobre ellos; y (3) su reacción jubilosa ante la noticia de que el perseguidor ahora había venido a proclamar.

La doxología que aparece en el versículo 24: "Y glorificaban a Dios en mí", es como un eco de la anterior doxología empleada al final de la introducción (1:5). La primera doxología es un himno de alabanza por lo que Dios había hecho a través de la muerte vicaria y de la triunfal resurrección de Jesucristo. Esta segunda doxología celebra la misma victoria, según es vista en el llamado y en el ministerio apostólico de Pablo.

"Y todos los que le oían estaban atónitos, y decían: ¿No es éste el que asolaba en Jerusalén a los que invocaban este nombre, y a eso vino acá, para llevarlos presos ante los principales sacerdotes?" (Hch. 9:21).

■ *Los cristianos de Jerusalén aceptaron bien a*
■ *Pablo, pero él de ninguna manera dependía de*
■ *ellos. El era un apóstol por derecho propio.*

PREGUNTAS PARA GUIAR SU ESTUDIO

1. Describa la crisis que se estaba desarrollando en Galacia. ¿Cuál era el criterio de Pablo con respecto al evangelio que estaban predicando los gálatas?

2. ¿Qué razones dio Pablo para apoyar su reclamo de que su llamado era independiente de los otros apóstoles?

3. ¿Cuáles son las implicaciones para nosotros de las doctrinas de la elección y la predestinación?

4. ¿Cuál era el objetivo de Pablo al encontrarse con Pedro durante su primera visita a Jerusalén? ¿Qué piensa usted que hablaron?

GALATAS 2 ························

EL MENSAJE APOSTOLICO: CONFIRMACION Y RETO (2:1–21)

En el capítulo 2 Pablo continúa la defensa de su llamamiento como apóstol y de la integridad del evangelio que recibió de Jesucristo de manera directa.

El capítulo se divide de manera natural en dos grandes secciones.

En la primera (2:1–10) Pablo rememora la importante reunión que tuvo con la iglesia de Jerusalén, en la cual se trató el tema de la circuncisión, tema que ahora era el argumento que esgrimían los falsos maestros para influir sobre los gálatas convertidos.

La segunda sección (2:11–21) se centra en otra reunión entre Pablo y Pedro, esta vez en Antioquía de Siria, donde de nuevo el tema del legalismo amenazó con romper la unidad de la iglesia.

SEGUNDA VISITA DE PABLO A JERUSALEN (2:1–10)

En los versículos iniciales se vislumbra el escenario en el que se va a desarrollar el drama. Analicemos el acontecimiento en sí mismo, las partes involucradas y la motivación de Pablo para actuar así.

El acontecimiento (vv. 1, 2)

Pablo dio por sentado el hecho que él era independiente de los líderes de la iglesia de Jerusalén. De ahí procedió a demostrar que ellos habían aprobado su mensaje y su misión a los gentiles, sin que le hubieran exigido que impusiese la circuncisión.

Catorce años después. No tenemos claro si Pablo contó estos años a partir del momento de su conversión o desde su primera visita a Jerusalén. Esta última alternativa parece una interpretación más natural de la palabra "después", luego de venir hablando de su primera visita.

Las partes involucradas (v. 2)

En la secuencia de la narración aparecen tres grupos de actores principales, cada uno con su papel distintivo en cuanto a la decisión de la conferencia y sus consecuencias.

Primero, tenemos la parte paulina, constituida por Bernabé, Tito y Pablo.

Segundo, tenemos a los "falsos hermanos" que comenzaron a agitar los ánimos para que Tito fuera circuncidado y que, posteriormente, llevaron esas enseñanzas a Antioquía.

La tercera parte, que también desempeñaba un papel prominente en la narración, eran los líderes de la iglesia de Jerusalén —Jacobo, Pedro y Juan— cuya importancia les había ganado el título de columnas de la iglesia.

El principal punto de negociación de Pablo era con estos líderes de la iglesia, y no con los detractores judaizantes. Aunque la íntima relación entre los "pilares" y algunos de los más celosos discípulos, debe haber creado una situación de gran tensión entre todos los presentes.

Las motivaciones de Pablo (v. 2)

Había tres puntos importantes entre las motivaciones de esta segunda visita a Jerusalén:

1. Pablo insistió en que había promovido esta reunión "según una revelación".

   Esta es la misma palabra que usó en 1:12, la cual describe la revelación del Cristo resucitado en el camino a Damasco, así como otras revelaciones que Pablo recibió.

2. Ante tal reunión en Jerusalén, los líderes pudieron oír personalmente lo que Pablo estaba presentando a los gentiles. El quería llegar a un acuerdo con los líderes de

En este caso, lo más probable es que Pablo haya estado hablando acerca de una palabra específica del Señor relacionada con la creciente desavenencia y controversia provocadas por el mensaje de Pablo y la forma en que la iglesia en general lo había recibido.

Es posible que los judaizantes hayan presentado una caricatura de Pablo para hacerlo aparecer como alguien que se estaba apartando de la revelación que Dios había dado a Israel. El Espíritu de Dios le hizo ver claro a Pablo, directamente o a través de la iglesia de Antioquía, la necesidad de sentarse frente a frente con los líderes de la iglesia de Jerusalén.

Jerusalén sobre el mensaje que Dios le había dado.

Si el mensaje provenía de Dios, ¿por qué necesitaba Pablo del consenso de la iglesia de Jerusalén?

En un sentido, él no necesitaba su aprobación ni su consenso. Lo que Dios le había encomendado y comunicado no requería de aprobación humana. Por otra parte, para salud y bienestar de la iglesia era necesario que ésta reconociera lo que Dios había revelado y actuara en consecuencia. De otra forma hubiera permanecido oculto, al menos por un tiempo.

3. De esta forma, Pablo buscaba resolver una crisis que hubiera podido llevar a una gran división entre el cuerpo de Cristo. Más tarde Pablo diría: "Así que, sigamos lo que contribuye a la paz y a la mutua edificación" (Ro. 14:19).

Tito y los falsos hermanos (vv. 3–5)

En el versículo 3 es donde se menciona por primera vez la circuncisión en la epístola. Es evidente que el tema salió a relucir por la presencia de Tito. En la propia Jerusalén Pablo estaba presentando a un gentil como un hermano en Cristo. Para los ancianos hebreos la circuncisión era una señal del pacto con Dios que venía desde los tiempos de Abraham (Gn. 17:11–14). Fue ordenada al pueblo que Dios había escogido. Bajo Moisés se convirtió en una ordenanza de la ley (Exodo 12:43–48). Resultaba lógico que los judíos que habían abrazado la fe en Cristo tuvieran ciertas dudas sobre los cristianos que no fueran circuncidados. Los judaizantes ya habían planteado la queja: "Si no os circuncidáis... no podéis ser salvos" (Hch. 15:1).

El reunirse para confrontar las diferencias es un saludable paso inicial para resolver los conflictos en la iglesia de una manera constructiva. El oír directamente lo que un hermano o hermana tiene que decir es mucho mejor que confiar en fuentes de información de segunda mano.

1. *Infiltrados.* Esta palabra da la idea de una conspiración maligna, planeada por enemigos de la fe, informantes y agentes dobles puestos allí para conseguir información confidencial y usarla con fines perversos. Aquí en Gálatas, Pablo apunta de manera inequívoca a los intereses bastardos de los falsos hermanos.

2. *Espía.* Esta palabra alude a la persona que obtiene información de manera furtiva para usarla en contra de la entidad espiada. Tiene cierta relación con otra que Pablo emplea en sentido positivo, "supervisar", para referirse a la autoridad pastoral en el gobierno de las congregaciones del Nuevo Testamento.

Pablo dio énfasis a que Tito no tenía por qué circuncidarse. Los apóstoles de Jerusalén no lo habían exigido, aun cuando había agitadores presentes que trataban de imponerlo. Lo que buscaban, dijo Pablo, era debilitar la libertad que habíamos recibido en Cristo, lo cual significaba un paso de regreso a la esclavitud. Pablo se mantuvo firme para preservar así el evangelio en beneficio de los creyentes gentiles. Aquellos que estaban demandando la circuncisión de los gálatas buscaban algo que no había sido exigido por los apóstoles de Jerusalén.

Pablo utilizó dos palabras poco usadas para calificar la actividad de los falsos hermanos. Estas palabras pertenecen al vocabulario del espionaje político y militar, pero fueron aplicadas para amonestar a los que creaban esos conflictos en la iglesia primitiva.

Quizá Pablo usa ambas palabras para establecer un contraste entre lo que es una adecuada supervisión ejercida por un pastor ungido, y la usurpación arrogante del poder de la iglesia que pretenden hacer falsos hermanos para usarlo en beneficio propio

■ *Podemos resumir lo que hemos aprendido*
■ *acerca de los falsos hermanos con estas cua-*
■ *tro aseveraciones:*

1. *Ellos no eran lo que aparentaban ser.*

2. *Actuaban secretamente al realizar su trabajo de desorganización.*

3. *Llevaron a cabo, paso a paso, su labor de destrucción.*

4. *Fueron una evidencia de la relación que existe entre enseñanzas erradas y comportamiento indeseable.*

Pablo y las "columnas" de la iglesia (vv. 6–9)

Como había interrumpido la narración de la reunión en Jerusalén para ocuparse de la intrusión de los falsos hermanos y del caso de las pruebas que querían imponer a Tito, ahora Pablo vuelve a la narración en el punto en que la había interrumpido, al final del versículo 2. Había establecido una marcada diferencia entre los falsos hermanos y los verdaderos líderes de la iglesia, con quienes había ido a conferenciar. Los primeros eran unos pseudo cristianos; estos últimos eran líderes respetables e interlocutores en la presentación que Pablo hacía de su estrategia misionera.

En el versículo 9 conocemos la identidad de las "columnas". Eran: Jacobo, Pedro y Juan. Pablo dice que "eran considerados como columnas de la iglesia". Algunos estudiosos han argumentado que el hecho de que Pablo repite esta expresión, puede insinuar menosprecio o desestimación de la autoridad de estos líderes de la iglesia. Según ellos, Pablo había dicho en varias oportunidades que eran considerados como columnas, que tenían apariencia de ser representativos, que parecían ser líderes verdaderos, lo cual hace pensar que eran sólo apariencias. En otras palabras, la realidad no correspondía con la reputación.

Sin embargo, la esencia de este pasaje (vv. 6–9) no indica que haya habido oposición ni confrontación entre Pablo y estos líderes en cuanto a su unidad fundamental y la tarea compartida de cumplir con la Gran Comisión. Aquí Pablo rechaza la idea de que pueda haber algún rango de autoridad que determine la verdad espiritual. Dios no demuestra ninguna parcialidad hacia hombres de reputación, y Pablo tampoco lo hacía.

Sin embargo, es significativo el hecho que Pablo dijera que esos reconocidos líderes no agregaron

"Considerados"

La expresión "eran considerados" no conlleva necesariamente un sentido de menosprecio. De manera sencilla, como lo dice la Biblia de Jerusalén, sólo significa "esta gente que son líderes reconocidos". Es posible que aquí Pablo haya usado un trato respetuoso común en la época para referirse a los líderes que eran respetados y considerados como de gran autoridad entre los creyentes de Jerusalén.

nada al evangelio que había recibido del Señor. Siendo así, entonces los judaizantes de Galacia tampoco tenían base para actuar como lo hacían.

Declaraciones solemnes positivas (vv. 7–9)

Muchas de las cosas que Pablo afirma en este capítulo son negativas en su naturaleza. Sin embargo, el clímax de la reunión fue el reconocimiento mutuo que se simbolizó con el darse la mano derecha en señal de compañerismo y en el acuerdo logrado sobre la división del trabajo en la empresa misionera de alcance universal.

■ *Tenemos tres declaraciones solemnes en este*
■ *pasaje:*
■ Un evangelio: *Pablo enfatizó esta realidad,*
■ *que había un solo evangelio que compartían*
■ *todos los participantes.*
■ Dos apóstoles: *Los dos apóstoles representa-*
■ *ron los dos mundos por alcanzar con el*
■ *esfuerzo misionero.*
■ Tres columnas: *Las tres columnas, Jacobo,*
■ *Pedro y Juan, quienes declararon solemne-*
■ *mente el reconocimiento de Pablo y Bernabé,*
■ *lo cual fue crucial para el resultado positivo*
■ *de la conferencia.*

Preocupación por los pobres (v. 10)

Este versículo es una especie de postdata al acuerdo que Pablo y Bernabé habían concluido en el versículo 9. A Pablo y a Bernabé se les pidió que se acordaran de los pobres, que eran los cristianos de Jerusalén, quienes estaban sufriendo la persecución y habían sido despojados de sus propiedades. Pablo ya lo estaba haciendo, puesto que llevó una ofrenda para los pobres, enviada por la iglesia de Antioquía. Esto sucedió en esta visita o en la anterior. El estaba deseoso de continuar esta práctica para atender a esa apremiante necesidad, y consolidar así los nexos de amistad entre judíos y gentiles cristianos. A través de todo su ministerio Pablo prestó mucha atención a este trabajo de misericordia (1 Co. 16:1–4; 2 Co. 8, 9; Ro. 15:25–29).

■ *Los dos temas clave de los diez primeros ver-*
■ *sículos de Gálatas 2 son un amplio reconoci-*
■ *miento a la verdad del evangelio que Pablo*
■ *había recibido y a la unidad de la iglesia.*
■ *Este pasaje muestra un modelo de coopera-*
■ *ción alrededor de la verdad del evangelio.*
■ *Pablo estaba deseoso de trabajar hombro a*
■ *hombro con otros líderes cristianos que com-*
■ *partieran el compromiso de llevar las buenas*
■ *nuevas de salvación a través de Jesucristo.*
■ *Como una consecuencia de esta conferencia,*
■ *los apóstoles entendieron que era deseable*
■ *hacer una división del trabajo de evangeliza-*
■ *ción para lograr mejores resultados.*

ENFRENTAMIENTO DE PABLO Y PEDRO EN ANTIOQUIA (2:11–14)

El problema (vv. 11–13)

Inmediatamente después del consenso en Jerusalén surgió otro problema, ahora sobre el compartir la mesa. En la actual cultura occidental de comidas rápidas, es difícil apreciar la significación religiosa de los antiguos en relación con el simple acto de comer.

El problema se manifestó cuando Pedro visitó a Antioquía de Siria. Allá encontró judíos y gentiles disfrutando de un sano compañerismo, que incluía el compartir la mesa.

"Estatuto perpetuo será por vuestras edades, dondequiera que habitéis, que ninguna grosura ni ninguna sangre comeréis" (Lv. 3:17).

Esto era realmente una revolución, pues los judíos no comían con los gentiles. La ley no lo prohibía, pero imponía tales restricciones sobre la dieta, que hacía imposible que un judío pudiera compartir la mesa con un gentil. El desarrollo de la historia judía los había llevado a tomar medidas extremas para evitar contaminar su manera de vivir por el contacto con los gentiles. Además, había restricciones judías tradicionales que prohibían el consumo de alimentos impuros, entre ellos carne de cerdo, alimentos ofrecidos a los ídolos, y compartir carne que no se hubiera desangrado según lo establecido en la ley de Moisés (Lv. 3:17; 7:26, 27; 17:10–14).

El acuerdo alcanzado en Jerusalén decía que los gentiles no tenían por qué llevar la carga de la ley judía, pero no decía que los judíos quedaban liberados de ella. Se aprobó enviar misioneros a los gentiles, pero no se habló acerca de un íntimo compañerismo con ellos. Pedro aceptó el abierto compañerismo de la congregación de Antioquía y se unió a ellos.

Pero los otros judíos creyentes también estaban interesados en lo que sucedía en Antioquía. Jacobo no fue allá, pero sí varios de sus colaboradores. Su presencia, y quizá la reacción que tuvieron, hicieron que Pedro sintiera temor del partido de la circuncisión y que se apartara de los grupos que comían juntos. Peor aún, los otros judíos se le unieron en esa actitud hipócrita. Hasta Bernabé fue arrastrado por ese comportamiento insincero.

La protesta (v. 14)

Lo que sucedió en Antioquía debe haber significado un severo golpe para el compañerismo cristiano. Pablo actuó de una manera rápida y decisiva. Confrontó a Pedro y le echó en cara que estaba actuando mal. Así lo hizo en presencia de toda la congregación, puesto que toda la congre-

"Hipocresía"

La palabra que se traduce por "hipocresía" proviene del mundo del teatro, en donde se refiere al acto de llevar una máscara o representar un papel en un drama. Por extensión negativa, vino a significar simulación, insinceridad, actuar en forma tal que represente falsamente las propias convicciones.

gación estaba involucrada en lo que estaba haciendo, y el principio era vital para todos los afectados. Por ello, Pablo hizo resaltar la inconsistencia de Pedro.

Pedro mantenía de manera formal la ley judía, pero en la práctica estaba viviendo como los creyentes gentiles. ¿Cómo podía entonces esperar que los gentiles llevaran la vida que él mismo no podía apoyar con su conducta? O, como lo dijo Pablo, Pedro y el grupo "no andaban rectamente conforme a la verdad del evangelio".

Hay tres verdades prácticas que podemos extraer de este pasaje y aplicarlas a la vida de la iglesia de hoy:

1. *Los grandes líderes pueden cometer errores.* Pedro conocía todas las razones para poder resistir a la presión de los judaizantes y mantener así sus convicciones. Había pertenecido al círculo íntimo de los discípulos de Jesús y fue de los primeros testigos de su resurrección. Sin embargo, en un momento de crisis falló y su ejemplo arrastró a muchos otros por ese mal camino. Que el Señor nos ayude a contrastar cada mensaje que recibamos con los parámetros que establece en su Palabra, y que nos libre de exaltar a líderes humanos por encima de la clara voz de Dios.

2. *La gracia de Dios significa que no hay cristianos de segunda clase.* La retirada de los judíos creyentes de la mesa de compañerismo con sus hermanos gentiles, precipitó una seria ruptura entre los miembros de la iglesia de Antioquía. El racismo de cualquier clase entre los miembros de una cultura es incompatible con la verdad del evangelio. Más adelante, en Gála-

"Andaban rectamente"

Esta frase es una sola palabra en el texto griego (*orthopodein*) Traducida en forma literal significa "caminar con los pies derechos". Pablo quería decir que Pedro no estaba "caminando en una vía recta". En diversas partes las epístolas de Pablo sobreabundan en la importancia del "caminar cristiano" (Ef. 4:1, 17; Colo. 1:10; 2:6; Ro. 13:13). Más adelante en Gálatas, también amonesta a sus lectores así: "Si vivimos por el Espíritu, andemos también por el Espíritu" (Gá. 5:25).

tas 3:26–29, Pablo les explicó con claridad las implicaciones que tiene la vida cristiana con respecto a la promesa de la gracia que se cumplió en Jesucristo. Cualquier sistema religioso o teología que niegue esta verdad se sitúa en oposición a la "nueva criatura" que Dios hace en el creyente. El cuerpo de Cristo no se apoya en razas, colores o condición social, sino en la sola gracia.

3. *El defender al evangelio puede significar el quedarse solo.* Cuando la crisis se hizo más intensa, Bernabé se inclinó hacia el lado de Pedro en su confrontación con Pablo. Al apóstol de los gentiles le tocó quedarse solo en la defensa de la integridad del evangelio. Esta situación se ha repetido a lo largo de la historia de la iglesia. Demos gracias a Dios por esos bravos guerreros de la fe que no cedieron a la hora de la tentación, y que rehusaron coquetear con falsos dioses de su época, todo lo cual ha significado para nosotros una apreciable herencia de coraje y fe.

Esta sección enfatiza el incidente provocado
por el retiro de Pedro de la mesa común, lo
cual le valió que Pablo le reprendiera y le
reclamara por su actitud inconsistente y su
hipocresía en esta situación errónea. Pedro,
aunque apegado a la ley judía, estaba
viviendo como los gentiles, los cuales no estaban sujetos a la ley. El error de Pedro era
esperar que los gentiles vivieran en una
forma que él no apoyaba con su comportamiento.

EL PRINCIPIO: LA JUSTIFICACION POR LA FE (2:15–21)

En esta sección final del capítulo 2, Pablo concluye el argumento histórico que ha venido
siguiendo, y presenta una exposición doctrinal
que abarca los dos próximos capítulos.

Estos siete versículos están expresados en el lenguaje más conciso que Pablo haya usado en sus
epístolas. Aquí expone su enseñanza principal,
su gran mensaje, que quiere grabar en la mente
de los gálatas: *La aceptación por Dios se efectúa a
través de un simple acto de fe en Jesucristo, y de nada
más.*

Declaración de la doctrina (vv. 15–16)

En estos versículos Pablo introduce tres expresiones que abarcan la idea de la justificación de
los creyentes por la fe: *justificación, las obras de la
ley* y *la fe en Cristo.* El utiliza estos términos por
primera vez en esta carta.

Justificación. En el sentido más fundamental, justificación es la declaración de que alguien es
recto. Justificación no se debe confundir con el
perdón, el cual es el fruto de la justificación.
Tampoco se debe confundir con la expiación, la

Veamos lo que dice
Martín Lutero sobre la
doctrina de la
justificación por la fe:

El tema que nos
ocupa es vital y
fundamental;
involucra la muerte
del Hijo de Dios, quien
por voluntad y
mandato del Padre se
hizo carne, fue
crucificado, y murió
por los pecados del
mundo. Si en este
momento la fe se
hubiera abandonado,
el Hijo de Dios habría
muerto en vano y
hubiera sido una
fábula el que Cristo es
el Salvador del
mundo. Así, Dios
sería un mentiroso,
pues no habría
honrado sus
promesas. De aquí
que nuestra
testarudez en este
caso es piadosa y
santa, puesto que en
ello estamos
confiando para
preservar la libertad
que tenemos en
Cristo Jesús y
guardar la verdad del
evangelio. Si
perdemos esto,
hemos perdido a
Dios, a Cristo, todas
las promesas, la fe, la
santidad, y la vida
eterna. *Martín Lutero*

cual es la base de la justificación. Más bien debemos decir que es el veredicto favorable de Dios, el Juez justo que, a quien antes estaba formalmente condenado, ahora le ha concedido una nueva posición ante el tribunal de la justicia divina.

Las obras de la ley. La ley a la que Pablo por lo general se refiere es a los requerimientos específicos que Dios entregó a Israel a través de Moisés. El argumento de Pablo aquí es que la naturaleza de la ley es tal que no puede producir una correcta relación con Dios. Como Pablo lo demuestra en Gálatas 3, la ley fue dada por Dios para llenar una función especial en guiar a las personas a Cristo, el cual es "el fin de la ley" (Ro. 10:4).

La fe en Cristo. Pablo se refiere a la fe como siendo esencial para la justificación. La fe es la necesaria respuesta humana ante lo que Dios, de manera objetiva, llevó a cabo en la cruz de Cristo. Al mismo tiempo debemos reconocer el carácter instrumental de tal fe. Pablo siempre nos dice que hemos sido salvos "por" fe, no "a cuenta" de la fe. Debemos cuidarnos de la tentación de convertir a la fe en sí misma, en una de las "obras de la ley". La fe salvadora es un don de Dios; nunca será una posibilidad humana (Ef. 2:8–9). La fe, lo mismo que la circuncisión, no es un logro que produzca salvación. Más bien, la fe en un evidencia de la gracia salvadora que se manifiesta en la renovación del corazón por el Espíritu Santo.

"Porque por gracia sois salvos por medio de la fe; y esto no de vosotros, pues es don de Dios" (Ef. 2:8).

- Aquí Pablo expone su gran mensaje que quiere
- que se grabe en la mente de los gálatas: La
- aceptación por Dios se efectúa a través de un
- simple acto de fe en Jesucristo, y de nada más.

Respuestas a las objeciones (vv. 17–20)

Estos versículos nos regresan al escenario de dificultades en la traumatizada iglesia de Antioquía. Es posible que Pablo haya usado en ellos cierto lenguaje en clave para referirse sin decirlo al debate que enfureció a los de Antioquía.

La primera objeción: "Si, mientras buscamos ser justificados en Cristo, se hace evidente que somos pecadores, ¿eso significa que Cristo promueve el pecado?" La respuesta de Pablo es: ¡En ninguna manera! Esta es una de las exclamaciones más fuertes de su vocabulario. No es Cristo quien induce a la gente a ser pecadora.

El hecho que los cristianos judíos estuvieran ahora compartiendo la mesa con los creyentes gentiles, no los hacía pecadores. Por el contrario, esta era una expresión de libertad cristiana que habían alcanzado mediante la justicia que es por la fe.

En el versículo 18 Pablo señala la culpabilidad de aquellos que tratan de establecer su justicia por la ley, así como hizo Pedro, al volver a la ley después de haber reconocido su futilidad.

La segunda objeción: Al desplazar a la ley como la manera correcta de estar ante Dios, ¿no estaba Pablo minando las mismas bases para vivir una vida de santidad? ¿No será que no dejó lugar para los resultados prácticos de la fe en la vida del creyente?

Pablo usa cuatro tesis (frases de los versículos 19 y 20) para refutar esta segunda objeción a su doctrina de la justificación por la fe:

1. "Porque yo por la ley soy muerto para la ley, a fin de vivir para Dios." Cuando Pablo dice que murió para la ley, se refiere nada menos que a los Diez Mandamientos dados por Dios y a los decretos contenidos en el Antiguo Testamento.

Sin embargo, no está diciendo que la ley de Dios haya perdido su significado o relevancia para el cristiano. Por el contrario, está diciendo que su relación con el yo, el pecado, el mundo y la ley han sido alteradas de tal manera por su unión con Cristo que ya no tienen dominio, ni control, ni definen su existencia.

La ley es el instrumento de la muerte del pecador. Pero la muerte del pecador no es suficiente para crear una correcta relación con un Dios santo. Sólo Dios mismo, encarnado como hombre, puede realizar tal cosa.

Así que por la fe el creyente pecador ve la muerte de Cristo y reconoce que él también está allí. Su posición hacia Dios de aquí en adelante tiene dos alternativas: O lo ignora, o trata de establecer una correcta relación con él mediante la observancia de su ley. Pero debido a su naturaleza pecaminosa no puede hacer tal cosa.

La muerte de Cristo ha traído la muerte del yo que trata de agradar a Dios guardando la ley, y en su lugar abre un nuevo camino: El de la fe. La misma fe reconoce que la correcta relación con Dios no es un logro humano, sino un don de Dios que debe ser recibido.

2. "Con Cristo estoy juntamente crucificado." Cuando los creyentes judíos presenciaban el sacrificio de un animal, un cordero por ejemplo, reconocían que ese animal estaba muriendo por sus pecados.

Cuando los creyentes cristianos ven la muerte de Cristo, ven a Jesús recibiendo las consecuencias del pecado de ellos, y se identifican con él en su muerte.

3. "Y ya no vivo yo, mas vive Cristo en mí."

Pablo expone en esta expresión su doctrina de que Cristo mora en nosotros. Este morar de

Martín Lutero dijo refiriéndose a estar crucificado con Cristo:

Porque somos llamados cristianos debido a que podemos mirar a Cristo y decirle: Amado Señor, tomaste sobre ti todos mis pecados. Tomaste el puesto de Martín, de Pedro, de Pablo, y así venciste y destruiste mi pecado. Allá, en la cruz, debo buscar y buscaré mi pecado. Tú me has dirigido a buscarlo allí. En Viernes Santo veo claramente mi pecado, pero en el domingo de Resurrección ya no hay pecado que pueda ser visto. (Sermón del día de Resurrección, Coburg, 7 de abril de 1530).

Cristo en nosotros no significa que las personas son liberadas de su ambiente de sufrimiento, pecado y muerte, sino que Cristo pasa a tener residencia en los creyentes santificando nuestros cuerpos como templos del Espíritu Santo y capacitándonos para acercarnos al trono de Dios en oración.

La muerte de Cristo, la cual sucedió en el tiempo y el espacio, es poseída por el creyente, de modo que ya deja de ser un suceso externo y se hace uno que transforma y da vida. Juan Calvino dice: "Mientras Cristo permanezca fuera de nosotros, y estemos separados de él, todo lo que él ha sufrido y realizado para la salvación de la raza humana permanece sin uso y sin ningún valor para nosotros" [Juan Calvino, *Institución* 3.1.1, como fue citado por Timothy George, *Galatians,* New American Commentary. Nashville: Broadman & Holman Publishers]

4. "Y lo que ahora vivo en la carne, lo vivo en la fe del Hijo de Dios, el cual me amó y se entregó a sí mismo por mí." Aunque la vida del cristiano tenga lugar "en la carne", aun así es vivida "por la fe". No sólo somos justificados por la fe, sino que también vivimos por la fe. Esto significa que la fe salvadora no puede reducirse a una decisión o acontecimiento ocurridos en el pasado, sino que es una realidad viva, dinámica, que penetra cada aspecto de la vida del creyente. El objeto de esta fe es Jesucristo, el Hijo de Dios, "el cual me amó y se entregó a sí mismo por mí". Fue el amor de Dios, inmerecido, inmensurable e infinito, el que envió a Jesús a la cruz.

La unión con Cristo.

Millard Erickson identifica tres dimensiones en nuestra unión con Cristo:

1. *La unión del creyente tiene carácter jurídico.* Cuando Dios ve al creyente lo ve unido con Cristo. Ve al creyente en Cristo tan justo como en justicia está relacionado con él.

2. *Esta es una unión espiritual.* Es una unión de dos espíritus en la que, aunque mantienen sus respectivas identidades, el espíritu del creyente es enriquecido por el Espíritu de Cristo.

3. *Es una unión vital.* Jesús describe a los creyentes como pámpanos de la vid, que es él mismo. La vida de Cristo fluye en el creyente y lo mantiene.

■ *Pablo dio respuesta a las dos objeciones más*
■ *importantes que le hicieron a su doctrina de*
■ *la justificación por la fe. Sus cuatro tesis pre-*
■ *sentan las verdades que enseña el versículo*
■ *20. El creyente está muerto para la ley, com-*
■ *parte el sufrimiento de Cristo en la cruz, es*
■ *templo del Espíritu Santo y vive por la fe.*

La alternativa terrible (v. 21)

Como hemos visto, gracia es la palabra eficaz en Gálatas. En este versículo final del capítulo 2 Pablo se defiende de la acusación de que, al haber desplazado la ley como vehículo de salvación, había obstruido el flujo de la gracia de Dios. Lo cierto es exactamente lo contrario. Si fuera posible obtener una posición aceptable ante Dios a través de las obras de la ley, "entonces por demás murió Cristo". La alternativa terrible que nos quedaría sería el aceptar que Cristo fue un falso Mesías, un criminal común cuya muerte no merecía más de una nota al pie en la historia y, ante esto, cualquier cristiano verdadero se estremecería de horror.

"Porque no se justificará delante de ti ningún ser humano" (Sal. 143:2b).

Pablo nos dice que, como creyentes, no debemos insistir en reconstruir el muro de separación que Cristo derribó. Si añadimos las obras de la ley al sacrificio de Cristo en la cruz, entonces sí es verdad que estamos haciendo escarnio de la muerte de Cristo.

Gálatas 2:15–21 resume los temas desarrollados hasta esta parte e introduce la exposición teológica de la justificación por la fe, con la cual Pablo proseguirá en los capítulos 3 y 4. El versículo clave en esta sección es el 2:16, el cual contiene tanto un llamado a la experiencia cristiana ("nosotros también hemos creído en Jesucristo"), como un argumento tomado del Salmo 143:2, donde confirma que ningún humano puede ser justificado por la observancia de la ley. Pablo se adelantó a las objeciones que iba a provocar su doctrina de la justificación y enfatizó la vida de fe, tema éste en que insiste con mayor detalle en Gálatas 5, 6.

Ahora estamos preparados para examinar la pieza central de la doctrina de la justificación de Pablo, la cual se desarrolla en los dos próximos capítulos.

PREGUNTAS PARA GUIAR SU ESTUDIO

1. ¿Cuál fue el motivo de Pablo para regresar a Jerusalén?
2. Describa la expresión "falsos hermanos". ¿Cuál fue su error?
3. ¿Qué era lo extraordinario acerca de la posición de Pablo como apóstol, en contraste con los apóstoles de Jerusalén? ¿Qué tenía en común con ellos?
4. ¿Por qué Pablo reprendió a Pedro? Describa el tema que provocó esta confrontación.

SECCION INTRODUCTORIA: EL ARGUMENTO TEOLOGICO (3:1–5:1)

El argumento de Pablo en esta sección cumple los siguientes tres objetivos:

1. El quería demostrar a los gálatas que el pensamiento que tenían, que volverían a ser bien vistos por Dios si observaban la ley para agradarlo, estaba en contradicción con la experiencia que habían tenido (3:1–5).
2. Quería convencer a sus lectores de que la experiencia que ellos habían tenido se identificaba con la que tuvo el patriarca Abraham (3:6–9).
3. Quería explicar el objetivo y el propósito de la ley (3:19–25).

En los capítulos 3 y 4, Pablo pasa de la evidencia de su experiencia personal a la evidencia sobre base teológica, como se revela en varias doctrinas que enseñaría. Sin embargo, la transición entre los versículos 1 al 5 está basada en un llamado a la experiencia de los gálatas cristianos.

PREGUNTAS INDAGATORIAS (3:1–5)

Pablo hizo una pregunta a los gálatas que mostraba lo sorprendido que estaba por la desviación que habían tenido y que los estaba llevando a lo irracional: "¡Oh gálatas insensatos! ¿Quién os fascinó para no obedecer a la verdad?"

Pablo complementa su dramática pregunta con otras cuatro de carácter retórico:

Pregunta retórica 1: "*¿Recibisteis el Espíritu por las obras de la ley, o por el oír con fe?*" (v. 2)
Puesta de otra manera, la pregunta sería: ¿Por qué los gálatas habrían de volver a la ley cuando

"Fascinó"

Pablo preguntaba a los gálatas que quién los había fascinado para extraviarlos por el camino del mal, si había sido a través de un mal de ojo o por artes de encantamiento. Esta es la única oportunidad en que encontraremos esta clase de conceptos en el Nuevo Testamento, aunque este es un tema persistente (Dt. 28:54).

fue el oír con fe lo que trajo la vida de Dios dentro de su vida? Lo que Pablo decía era que los gálatas no habían tenido la experiencia de la vida en el Espíritu por la obras de la ley, sino porque oyeron el evangelio y lo recibieron por fe. Aquí Pablo describe la vida cristiana en términos de recibir al Espíritu en lugar de ser justificados. La justificación es la acción de Dios en la salvación; el recibir al Espíritu es una experiencia del hombre. El apóstol se está refiriendo a la experiencia de sus amigos gálatas. (Más adelante, en el capítulo 5, contrasta la ley con el Espíritu).

PREGUNTA	VERSÍCULO
1. "¿Recibísteis el Espíritu por las obras de la ley, o por el oír con fe?"	v. 2
2. "¿Habiendo comenzado por el Espíritu, ahora vais a acabar por la carne?"	v. 3
3. "¿Tantas cosas habéis padecido en vano? si es que realmente fue en vano."	v. 4
4. "Aquel, pues, que os suministra el Espíritu, y hace maravillas entre vosotros, ¿lo hace por las obras de la ley, o por el oír con fe?"	v. 5

Pregunta retórica 2: "¿Habiendo comenzado por el Espíritu, ahora vais a acabar por la carne? (v. 3)

De inmediato Pablo plantea el contraste entre el Espíritu y la carne, el cual es un concepto básico en la última parte del libro. Cuán insensato y trágico es comenzar con el Espíritu, con la presencia de Dios en la vida de una persona, y de allí pasar a la naturaleza humana de la carne que ya estaba separada de Dios.

"Recibir el Espíritu"

La palabra *recibido* en los versículos 2:2 y 3:14 no se refiere a algo que uno haya tomado por propio iniciativa, sino a la recepción agradecida de algo que se nos ha dado. Los gálatas habían recibido el Espíritu Santo como un don inmerecido del soberano Dios, sin que hubieran tenido la menor participación las buenas obras o el mérito humano de ellos.

"El oír con fe"

Mucho se ha escrito acerca de esta expresión, la cual pudiera significar tanto "la facultad y órgano de la audición", como "el propio acto de oír". Sin embargo, como el contenido de lo que se ha oído es crucial, Pablo estaba pensando en el proceso por medio del cual uno entra en la órbita de la gracia salvadora de Dios. Como el mismo Pablo dijo: "la fe es por el oír, y el oír, por la Palabra de Dios" (Ro. 10:17). El *oír* se refiere al acto pasivo del que está escuchando, de ahí que Martín Lutero hubiera podido escribir que el único órgano de los cristianos debería ser el oído. El énfasis no es sólo sobre la facultad física de oír, sino sobre el despertar de la fe que viene a través de la predicación del evangelio. De ahí el contraste que Pablo establecía entre hacer obras y el creer en Cristo.

Pregunta retórica 3: "Tantas cosas habéis padecido en vano? si es que realmente fue en vano" (v. 4)

Pablo prosiguió preguntando si los gálatas habían aprendido o no algo de su experiencia. La palabra *sufrir* puede significar experiencia en un sentido neutral, o una mala experiencia. Esta última acepción era la más usada en el Nuevo Testamento. Lo que sea que Pablo hubiera querido decir aquí, el punto era: "¿Sacaron alguna enseñanza de ello, o todo fue en vano?" Pablo no creía que hubiera sido en vano, por lo que agregó una declaración después de la pregunta.

Pregunta retórica 4: "Aquel, pues, que os suministra el Espíritu, y hace maravillas entre vosotros,¿lo hace por las obras de la ley, o por el oír con fe? (v. 5)

La cuarta y última pregunta retórica se refiere a las cosas maravillosas que Dios había hecho en la vida de los gálatas. Les había dado su Espíritu, había obrado milagros. Todas estas cosas habían sucedido en la vida de ellos, no porque hubiesen guardado la ley, sino por haber respondido en fe al evangelio que habían oído.

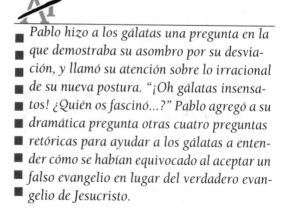

Pablo hizo a los gálatas una pregunta en la que demostraba su asombro por su desviación, y llamó su atención sobre lo irracional de su nueva postura. "¡Oh gálatas insensatos! ¿Quién os fascinó...?" Pablo agregó a su dramática pregunta otras cuatro preguntas retóricas para ayudar a los gálatas a entender cómo se habían equivocado al aceptar un falso evangelio en lugar del verdadero evangelio de Jesucristo.

EL EJEMPLO DE ABRAHAM (3:6–9)

El texto de Génesis (v. 6)

Ahora Pablo cambia de la experiencia a la Escritura como base para su argumento. Lo que había dicho de que la salvación viene por medio de la fe y no de la ley, fue demostrado por Abraham.

El patriarca Abraham, al cual Pablo menciona diecinueve veces en sus epístolas, es la figura central en todos los argumentos que Pablo usa en Gálatas cuando se apoya en la Escritura.

Abraham era el padre del pueblo judío, y con él comenzó la circuncisión (Gn. 17:10–14). Sin embargo, Pablo enfatiza Génesis 15:6 para demostrar que la justicia de Abraham vino como consecuencia de haber aceptado por fe la promesa de Dios. Antes que Abraham fuera circuncidado, y mucho antes que la ley fuera entregada a Moisés, Abraham era justo ante los ojos de Dios por el sencillo acto de haber puesto su fe en las promesas que le hizo.

Los verdaderos hijos de Abraham (vv. 7–9)

En el versículo 7 Pablo amplía su argumento y de Abraham pasa a su posteridad y presenta la pregunta que, de aquí en adelante, va a dominar en el resto de los capítulos 3 y 4. La pregunta es: ¿Quiénes son los verdaderos hijos de Abraham? Esta línea de pensamiento llevará más adelante a una conclusión en la alegoría de las dos madres, Sara y Agar, y sus hijos, Isaac e Ismael (4:21–31).

Abraham fue justificado, no por sus virtudes y obras piadosas, sino sólo por haber creído a Dios. Y su fe le fue reconocida por justicia mucho antes de que supiera algo sobre la circuncisión, o de que hubiera dado el primer paso de ese largo viaje hacia la tierra prometida. Aunque se convirtió en el padre de los judíos, el fue jus-

Justificación por la fe.

En esencia, la justificación es un proceso mediante el cual un individuo es llevado a una posición inmerecida de correcta relación con Dios. La justificación no envuelve todo el proceso de salvación, pero sí establece el instante en que comienza la transformación que lo hace a uno "justo ante Dios". Los cristianos son justificados en la misma forma en que lo fue Abraham, por la fe (Ro. 4:16; 5:1). Las obras humanas no alcanzan ni ganan el ser aceptados por Dios. El ejercicio de la fe, por sí solo, nos introduce en una inmerecida relación de justificación con Dios (Gálatas 2:16; Tit. 3:7).

tificado y recibió al Espíritu Santo por el oír con fe, y no a través de las obras de la Ley.

La refutación de Pablo fue un rechazo de la teología de los judaizantes. El descender por la sangre o por procreación física no crea hijos de Abraham ante los ojos de Dios más que lo hace la circuncisión. Los verdaderos hijos de Abraham son aquellos que creen, literalmente aquellos que afirman su existencia sobre la fe en lo que Dios ha dicho y hecho.

En estos versículos Pablo resalta dos puntos críticos:

1. Redefine la familia de Abraham de tal manera que debilita el interés de sus oponentes por este modelo bíblico.
2. Pablo interpreta la bendición prometida en Abraham "a todas las naciones" como una profecía que se cumplía en su propia misión a los gentiles libre de la ley.

El argumento completo de Pablo en este pasaje (vv. 6–9) tiene como punto esencial el que asume que el pacto de gracia continúa. Desde la creación de Adán y Eva hasta la segunda venida de Cristo, Dios ha provisto un único medio de salvación para todos en todas partes: La muerte vicaria de su Hijo en la cruz por todos aquellos que han sido elegidos a través del misterio de la regeneración del Espíritu Santo.

■ En los versículos 6–9 Pablo deja de usar su
■ propia experiencia y pasa a apoyarse en la
■ Escritura al plantear su argumento. El punto
■ que ha venido sosteniendo, que la salvación
■ viene a través de la fe y no de la ley, fue
■ demostrado por Abraham, quien fue justifi-
■ cado, no por sus exaltadas virtudes y buenas
■ obras, sino sólo porque creyó a Dios.

En los versículos 6–9 Pablo presenta un argumento positivo a favor de la justificación por la
fe. En los versículos 10–14 cambió la escena y
argumentó negativamente contra la posibilidad
de la justificación por las obras.

Dijo Dios a Abraham: "En tu simiente serán benditas todas las naciones de la tierra." Génesis 22:18.

CRISTO Y LA MALDICION DE LA LEY (3:10–14)

La maldición de la ley (vv. 10–12)

No es sólo que la ley no trae bendiciones, sino
que en verdad impone una maldición. Pablo citó
Deuteronomio 27:26 donde se dice que todo
aquel que no cumpla la ley es maldito. Pablo
sabía que no había persona que fuera capaz de
cumplir toda la ley. Por lo tanto, todos estaban
bajo esta maldición. Además, el apóstol mantenía que el guardar la ley nunca se consideró que
fuera el camino para estar en buena relación con
Dios. Al efecto, citaba a Habacuc 2:4 y decía con
él: "Mas el justo por su fe vivirá." La expresión
original en Habacuc usa la palabra *fe* en el sentido de fidelidad, pero la idea de confiar en Dios
está aún presente.

El camino de la ley es diferente al camino de la
fe. Pablo citaba Levítico 18:5 y resaltaba que en
la ley se requiere hacer, no confiar. La ley trata
con acciones. Sólo si uno pudiera hacer lo que la
ley exige, podría esperar el ganar vida eterna de

esa manera. De aquí que la ley y la desesperanza por no poder cumplirla toda fueran vistas como una maldición.

La redención a través de la cruz (vv. 13, 14)

Los versículos 10–12 pintan un sombrío cuadro de la situación de la humanidad. La ley exige una vida de perfecta obediencia para estar bien con Dios. Sin embargo, no hay persona que pueda llenar esos requisitos; por lo tanto, todos en el mundo se han convertido en "prisioneros del pecado" (3:22) sufriendo la justa condenación de la maldición de la ley. Estando así las cosas, tenemos que unirnos a los apóstoles en la pregunta: "¿Quién, pues, podrá ser salvo?" (Lc. 18:26).

La respuesta de Pablo a este dilema viene en forma de una frase confesional que bien pudiera haber circulado en la comunidad cristiana judía primitiva como una especie de resumen del propio evangelio: "Cristo nos redimió de la maldición de la ley, hecho por nosotros mismos maldición." Todo es diferente para aquellos que confían en Cristo. Al hacerse una maldición por nosotros, redimió a los creyentes de la maldición de la ley.

"Si alguno hubiere cometido algún crimen digno de muerte, y lo hiciereis morir, y lo colgareis en un madero, no dejaréis que su cuerpo pase la noche sobre el madero; sin falta lo enterrarás el mismo día, porque maldito por Dios es el colgado; y no contaminarás tu tierra que Jehová tu Dios te da por heredad." Deuteronomio 21:22, 23.

Pablo cita Deuteronomio 21:23, en donde se prohíbe dejar pasar la noche colgado del madero al cuerpo del ajusticiado. Se pensaba que el hombre que había sido condenado estaba bajo una maldición, y dejar su cuerpo expuesto al público pudiera traer una maldición sobre la tierra. Por lo tanto, el cuerpo del ajusticiado debía ser enterrado el mismo día y no dejarlo expuesto. Así, Cristo se convirtió en nuestro sustituto y representante, tomando sobre sí la maldición de la ley.

Como algo al margen, este versículo de Deuteronomio debe haber sido un tropezadero para

Pablo antes de su encuentro con el Cristo resucitado. Como conocía este versículo y la crucifixión de Jesús, Pablo tenía que haber asumido que Jesús estaba bajo una maldición, lo cual lo hacía concluir que no podía ser el Mesías.

Después de su conversión Pablo vio que, en realidad, Jesús llevó una maldición, pero no debida a él mismo. Más aun, la resurrección lo reivindicó como el Ungido de Dios.

Con su muerte Jesús rompió la maldición que había sobre la humanidad y proveyó la necesaria alternativa. Ahora en Cristo, la bendición que Dios derramó sobre Abraham puede recaer también sobre los gentiles. Todo el que ponga su fe en Cristo recibirá el Espíritu, la experiencia de Dios en su vida que viene como consecuencia de estar en una correcta relación con Dios.

"Redimido"

La palabra *redimido* significa que ha sido comprado, que ha sido liberado mediante el pago de un precio. Fue utilizada para referirse a la compra de esclavos. La raíz griega de la palabra "redención" es la palabra *agora*, "plaza de mercado", que era el sitio de las subastas diarias de esclavos en el Imperio Romano. Cuando Pablo usa la palabra *redención* está implicando que hemos sido comprados por precio. El rescate por nuestros pecados fue nada menos que la sangre del Hijo de Dios.

- *Una manera de resumir este pasaje es*
- *haciéndolo a través de dos proposiciones*
- *principales, cada una de las cuales es confirmada y aclarada por una cita del Antiguo*
- *Testamento.*

PROPOSICION	CITA DEL ANT. TESTAM.
1. Aquellos que confían en la observancia de la ley están bajo maldición	Deuteronomio 27:26
2. Nadie puede ser justificado mediante la ley	Habacuc 2:4

LA LEY Y LA HERENCIA PROMETIDA (3:15–25)

Ahora Pablo pasa a un segundo nivel del argumento, en el cual habla sobre la naturaleza de la salvación. El demuestra el valor de la ley como un favor libre y generoso prometido a Abraham. Este es un favor garantizado por Cristo y sellado por el Espíritu Santo en el corazón de los creyentes. Los argumentos de Pablo provienen exclusivamente de las Escrituras, y toma citas cinco veces de la ley y una vez de los profetas. Demuestra cómo la promesa que Dios hizo a Abraham, que en él serían bendecidas todas las naciones, se ha cumplido en Cristo, cuya muerte en la cruz trajo la redención y la justificación por la fe, tanto a judíos como a gentiles.

Pablo continúa su argumento y ahora demuestra en primer lugar que el pacto de Dios con Abraham presenta un riguroso contraste con la ley de Moisés. Sin embargo, en la providencia de Dios hasta la ley desempeñó un papel crucial en el desarrollo del drama de la redención.

La prioridad de la promesa (vv. 15–18)

Pablo ilustró su argumento usando ejemplos de la vida diaria. Habló de cuando se hace un pacto o convenio, probablemente cualquier clase de contrato o cuerdo, tal cual se hace en un intercambio de propiedad. Su argumento era que tales contratos tenían carácter obligatorio y que no podían ser cambiados sino por la parte que lo hizo.

Aquí Pablo interrumpe su línea de pensamiento para hacer notar que estaba pensando en el pacto que Dios hizo con Abraham en Génesis 13:15 y 17:7, 8. Este pacto fue, no sólo prometido a Abraham, sino también a su descendencia (semiente). Pablo le da un profundo significado al hecho que una palabra en número singular haya sido empleada para referirse a esta descen-

Pacto

Los sinónimos de esta palabra son varios: Convenio, tratado, alianza o acuerdo, y por lo general se celebra entre dos partes de igual o diferente autoridad. En la Escritura, el pacto o testamento es un tema central que unifica. Dios hizo pacto con individuos, y la nación de Israel vio su completo cumplimiento en el nuevo pacto en Cristo Jesús. Los pactos de Dios pueden ser entendidos por los humanos porque están diseñados en forma similar a los pactos o tratados que se celebran entre los hombres.

dencia. La semiente de Abraham es Jesús, el Mesías, quien es la cabeza de la nueva humanidad.

Cristo es la cabeza de esta nueva humanidad que Dios estaba creando. Así, incluye en él mismo a todos aquellos que son descendientes espirituales de Abraham. Pablo no está tratando de probar esta verdad del Antiguo Testamento, sino que la está tomando como ilustración.

Al mencionar la ley que vino 430 años después de Abraham, lo que Pablo quería era tan sólo demostrar que había sido un largo período de tiempo y que el pacto de la promesa había durado todo ese tiempo hasta que se añadió la ley. Con la entrega de la ley no se anuló la promesa de Dios, sobre todo porque posteriormente fue satisfecha por Cristo. Si la ley hubiera sido dada para proveer un nuevo conducto para recibir las bendiciones de Dios, entonces el conducto de la promesa habría sido anulado.

■ *La ley nunca fue concebida para reemplazar*
■ *la fe en las promesas de Dios como el camino*
■ *de salvación. Siempre ha existido un solo*
■ *camino para ser salvo, y no es precisamente*
■ *por la observancia de la ley.*

El propósito de la ley (vv. 19–25)

Estos versículos se dividen estructuralmente en tres partes bien definidas, con preguntas que guían la introducción de sus dos primeras secciones. Da la impresión de que Pablo estuviera hablando en una especie de taquigrafía teológica que no nos resulta fácil de entender. Por esta razón, y sin ignorar el contexto del argumento de Pablo en este lugar, encontraremos que el mejor comentario sobre Gálatas es el libro de Romanos.

La primera pregunta de Pablo es: "Entonces, ¿para qué sirve la ley?" Esta pregunta emerge de la lógica del argumento que Pablo incesantemente viene siguiendo desde el versículo 2:16. El responde con cuatro breves frases (vv. 19, 20): (1) Fue añadida a causa de las transgresiones; (*Cf.* Ro. 5:20; (2) hasta que viniese la simiente a quien fue hecha la promesa; (3) fue ordenada por medio de ángeles; (4) en mano de un mediador.

Su segunda pregunta es: "¿Luego la ley es contraria a las promesas de Dios?" Esto produce una inmediata e indignada respuesta: "¡En ninguna manera!"

En este punto podemos pensar que la ley se opone o contradice la promesa de Dios. Lo que Pablo dice aquí es que la ley sería una cosa mala si hubiera sido dada para traer vida espiritual y luego hubiera fallado en ese cometido. Pero, no hay ninguna ley que pueda traer vida. La ley no fue dada con ese objetivo, de modo que no se puede decir que haya fallado en ese sentido. La ley, como cualquier otra cosa en la experiencia humana, estaba limitada por el pecado.

Ahora Pablo analiza las tres funciones de la ley:

1. La ley incluye al que puede fallar (v. 21). La incapacidad de la Ley para salvar se ha convertido en una bendición. El atajo de la Ley, el cual sólo puede conducir a la horca, por la gran misericordia de Dios nos ha llevado de regreso hacia el camino real de la salvación.

2. La ley condena lo que puede salvar (vv. 22, 23). Al sacar a relucir la perversidad humana, la ley elimina todas aquellas áreas de justificación propia, de las cuales el pecador que es dirigido por la conciencia se pudiera aferrar.

"¡En ninguna manera!"

La expresión griega que Pablo usa aquí imprime horror y conmoción al concepto bajo consideración: "¡En ninguna manera!" Literalmente se pudiera traducir "¡Ni Dios lo quiera! ¡Que eso nunca suceda!" O como dice la expresión antigua: "¡Lejos de mí tal cosa!" De las quince veces que aparece en el Nuevo Testamento, trece se encuentran en los escritos de Pablo. Esta expresión también la encontramos en Romanos 3:6, 31; 6:1, 2; 9:14; y Gálatas 2:17.

3. La ley disciplina lo que puede liberar (vv. 24, 25). La ley es un severo disciplinario y un áspero capataz. Aun así, en su aspereza hay una nota de gracia pues la función de la disciplina, a diferencia de la mera tortura, siempre remedia. "Con sus latigazos la Ley nos conduce a Cristo." Martín Lutero

- *Debido a que todos han pecado, la ley no*
- *puede traer vida. El reconocer este hecho*
- *hace que las personas vean que sólo la fe en*
- *Cristo los puede capacitar para recibir las*
- *promesas de Dios.*

Un cambio en el argumento de Pablo

Al llegar al versículo 3:26 se hace evidente un cambio significativo en el desarrollo del argumento de Pablo, y vemos cómo se produce un nuevo giro en la presentación que viene haciendo de la defensa bíblica de la doctrina de la justificación por la fe. Hasta este punto Pablo venía analizando, con respaldo de la Escritura, el gran lapso en la historia de la redención que transcurre entre Abraham y Cristo. De aquí en adelante cambia de lo histórico a lo personal, de lo institucional a lo individual.

El siguiente diagrama ha sido tomado de Timothy George, *Galatians*, New American Commentary [Gálatas, Nuevo Comentario Norteamericano] Vol. 30 (Nashville: Broadman y Holman Publishers), pág. 271.

3:6–14	La promesa (Abraham) ▼
3:15–22	La ley (Moisés) ▼
3:23–25	La fe (Cristo) ▼
3:26	"Pues todos sois hijos de Dios por la fe en Cristo Jesús" ▲
3:27–4:7	La fe (El Espíritu) ▲
4:8–11	La ley "los débiles y pobres rudimentos del mundo" ▲
4:21–31	La promesa (Sara)

EL BAUTISMO Y LA NUEVA COMUNIDAD (3:26–29)

La nueva posición de los creyentes (v. 26)

En esta sección Pablo hace tres declaraciones sorprendentes acerca de la nueva posición de "todos" los verdaderos creyentes.

"A los que creen en su nombre, les dio la potestad de ser hechos hijos de Dios" (Jn. 1:12; Cf. Os. 1:10).

1. "Pues todos sois hijos de Dios." Jesús es, de manera única y exclusiva, *el* Hijo de Dios, igual con el Padre desde la eternidad, sin parangón entre las criaturas en su deidad esencial. De aquí que lo más sorprendente en la declaración de Pablo sea la descripción que hace de los redimidos como "hijos de Dios". El desarrolló este tema en los versículos siguientes y demostró cómo la filiación de los cristianos proviene de la filiación de Cristo.

2. "Pues todos sois hijos de Dios por la fe." No por descendencia natural ni por artificio humano, sino por la sola fe hemos entrado en esta nueva relación con el Padre celestial.

3. "Pues todos sois hijos de Dios por la fe en Cristo Jesús." La expresión "en Cristo" se encuentra 172 veces en los escritos de Pablo. Usualmente es usada para describir esa participación y unión con Jesucristo que se realiza en cada creyente al venir el Espíritu Santo a morar en él.

El significado del bautismo (vv. 27–29)

Para Pablo el bautismo, con su asociación simbólica con la muerte, sepultura y resurrección de Cristo, sirve como modelo de la justificación, aunque nunca será suficiente para lograrla por sí sólo. Para los creyentes del Nuevo Testamento, el bautismo en el Espíritu Santo antecede al bautismo en agua, pues este último es un testimonio público de la presencia del Espíritu Santo en el creyente.

Pablo describió todo lo que se quiso representar con el bautismo en una de las metáforas de mayor impacto que se pueda encontrar en el Nuevo Testamento: "de Cristo estáis revestidos". Esta comparación puede también haber rememorado varias prácticas similares que pudieran haber sido familiares a los creyentes gálatas que se habían convertido a través de apóstol.

"De Cristo estáis revestidos"

En Romanos 6–8, Pablo relacionó el concepto de revestirse de Cristo con el de "morir y resucitar con Cristo", los cuales son dramáticamente representados en el acto del bautismo. Las figuras de lenguaje "despojarse" y "revestirse" se encuentran con frecuencia en los escritos de Pablo, y a menudo tienen la connotación de la transformación ética que es de esperarse de un verdadero creyente.

■ *Pablo resalta la nueva posición que el cre-*
■ *yente disfruta a través de la justificación por*
■ *la fe. Utiliza el ritual del bautismo como un*
■ *modelo simbólico de la justificación.*

PREGUNTAS PARA GUIAR SU ESTUDIO

1. ¿Qué es una pregunta retórica? ¿Cómo utilizó Pablo esta figura del lenguaje, y qué efectividad piensa usted que logró al usarla para demostrar este punto?

2. ¿Cuál es la importancia del ejemplo de Abraham para apoyar el argumento de Pablo de la justificación por la fe?

3. ¿Por qué la ley es una maldición? ¿En qué forma es limitante?

4. Según Pablo, ¿cuál era el propósito de la ley?

EL CAMBIO RADICAL: DE LA ESCLAVITUD A LA ADOPCION COMO HIJOS (4:1–7)

Nuestra condición anterior (vv. 1–3)

Pablo continúa haciendo el contraste entre la observancia de la ley y el vivir por fe, y ahora nos presenta otra ilustración tomada de la vida diaria. Aquí cambia su énfasis, de la herencia hacia el heredero. Describe a un niño a quien su padre le ha dejado una herencia, pero que es muy joven para tomar posesión de ella, de modo que tiene que estar bajo tutores o curadores.

Nosotros, explica Pablo (aparentemente refiriéndose a él y a los lectores), somos como ellos. Antes de la venida de Cristo todos éramos esclavos de "los rudimentos del mundo".

Se han considerado dos interpretaciones para la frase "rudimentos del mundo":

1. Los "rudimentos del mundo" pueden ser los principios elementales, tanto religiosos como morales, como por ejemplo, la ley judía.

2. Los "rudimentos del mundo" pueden ser espíritus, o poderes espirituales, que se pensaba que movían los cuerpos celestes.

No importa la interpretación que favorezcamos. Lo cierto es que Pablo hablaba de la gente que vivía bajo el yugo de fuerzas diferentes a la del Espíritu de Dios, como se había conocido en Cristo.

La venida de Cristo (vv. 4–5)

Los versículos 4, 5 contienen uno de los pasajes más densos de toda la carta debido a que en ellos

---

"Tutela, curaduría"

El cuadro en este pasaje es el de un niño de un hogar acomodado que queda como heredero legal. Este dueño o "joven heredero" de la fortuna familiar es todavía menor de edad y debe vivir bajo normas como si fuera un esclavo.

Los tutores a que Pablo se refiere pueden haber sido guardianes que la ley romana establecía en estos casos para el menor hasta que cumpliera los catorce años, y después un administrador de confianza hasta los veinticino años. También es posible que los términos se refieran a una persona que desempeñara ambos papeles. Estos guardianes actuaban hasta la edad del menor prescrita por el padre. Bajo la ley romana, el padre no establecía esta edad de habilitación para el hijo, por eso, no estamos seguros a cuál sistema legal se refería Pablo. Sin embargo, había ciertos paralelismos con las leyes de Siria.

Lo que Pablo quería decir es que el hijo, hasta tanto no tuviera la edad requerida, no tenía más derechos que un esclavo. Estaba bajo la dirección de los demás.

---

se presentan los conceptos fundamentales para la doctrina de la justificación por la fe.

Pablo y los demás creyentes dejaron atrás las rudimentarias ataduras con la llegada de Cristo. Así como vimos en la ilustración en que el padre establece la fecha para la emancipación del hijo, Cristo vino "cuando vino el cumplimiento del tiempo".

Desde un punto de vista humano Jesús nació en un tiempo muy favorable. La ley romana, el excelente sistema de carreteras, la estabilidad política mantenida por los romanos, la lengua griega y las enseñanzas religiosas judías fueron todos los elementos que se combinaron para crear una situación favorable para la difusión del evangelio.

Sin embargo, el énfasis está sobre lo que Dios escogió en forma soberana. El envió a su Hijo al mundo. Esto fue un regalo de gracia. El Hijo nació de mujer y compartió nuestra naturaleza humana. Nació bajo la ley, es decir, era un judío y estaba sometido a la maldición que la ley imponía. El hizo todo esto para redimir a los que estaban bajo la Ley.

Un examen de la estructura gramatical de estos versículos revela las cuatro ideas centrales del pasaje agrupadas en una sola unidad literaria:

1. La introducción con el adverbio de *tiempo:* "Pero cuando vino el cumplimiento del tiempo."
2. Un *participio paralelo* para describir la condición del Hijo encarnado: "Nacido de mujer."
3. Un *participio paralelo* para describir la posición del Hijo encarnado: "Nacido bajo la ley."

4. Dos frases que describen las razones para la venida de Cristo y el gran beneficio que los creyentes reciben a través de la fe en él: "para que redimiese a los que estaban bajo la ley", "a fin de que recibiésemos la adopción de hijos".

En el versículo 5 Pablo se enfoca en la divina persona y la eterna deidad de Jesucristo en lo que se relaciona con su obra salvadora de redención y regeneración. El Hijo de Dios se hizo un ser humano y fue puesto bajo la ley, para que así pudiera redimir a aquellos que estaban bajo la ley, para que de esa forma pudiéramos llegar a ser hijos de Dios.

Como la redención implica básicamente un concepto negativo, pues somos redimidos *de* la maldición y *de* la esclavitud del pecado, Pablo procede a demostrar el propósito positivo del sufrimiento y muerte en sacrificio de Cristo. El Hijo de Dios nació de una mujer y fue puesto bajo la ley para que nos pudiera redimir de la ley, para que así pudiéramos recibir todos los derechos de nuestra filiación.

El Espíritu en nosotros (vv. 6, 7)

Ahora Pablo se refiere al papel del Espíritu como base de nuestra justificación por la fe. Así como el Padre envió al Hijo mundo, asimismo ha enviado el Espíritu de su Hijo a nuestro corazón.

El mejor comentario a este texto es la afirmación paralela que Pablo hace en Romanos 8:15, 16: "Pues no habéis recibido el espíritu de esclavitud para estar otra vez en temor, sino que habéis recibido el espíritu de adopción, por el cual clamamos: ¡Abba, Padre! El Espíritu mismo da testimonio a nuestro espíritu, de que somos hijos de Dios." La indicación más fundamental de nuestra adopción es que ahora tenemos una nueva forma de dirigirnos a Dios, pues el Espí-

Abba

Es la palabra aramea para "padre". Es la expresión que un niño usaba tantas veces como hoy dicen "papá". Todavía se oye a través del Oriente Medio cuando la usan los niños para saludar a sus padres. Sin embargo, la forma en que es usada aquí en Gálatas, está más asociada con intimidad que con la niñez. Jesús introduce su uso en relación con Dios. Anteriormente, hubiera sido considerada como de excesiva familiaridad y muy personal. Los que estamos en Cristo entramos en esa íntima relación con Dios y heredamos sus promesas.

ritu nos invita a unirnos en su invocación, clamando: "Abba, Padre."

■ *Las relaciones de una persona con Dios ya no*
■ *son determinadas por raza, rango o impor-*
■ *tancia humana. Ya dejamos de estar bajo la*
■ *maldición de la ley. La promesa hecha a*
■ *Abraham y cumplida en su semilla profética,*
■ *Jesucristo, ahora ha sido hecha extensiva a*
■ *todos aquellos que, a través de la fe en él, se*
■ *han convertido en hijos que claman "¡Abba!"*
■ *y herederos del Dios viviente.*

AREA DE TEOLOGIA	DOCTRINA CLAVE	PASAJE EN GALATAS
Estudio de Cristo	Nuestra adopción como hijos	4:4
Estudio de la salvación	Nuestra redención a través de la cruz	4:5
Estudio sobre el Espíritu	Nuestra regeneración a través del Espíritu	4:6–7

Desde el versículo 3:6 hasta el 4:7, Pablo desarrolla una apretada y cuidadosa cadena de razonamientos sobre la doctrina de la justificación por la fe. Aquí ofrece un análisis de la historia de la redención centrada en la verdadera identidad de los hijos de Abraham. El resto del capítulo 4 se puede dividir en tres unidades literarias:

Los versículos 8–11 constituyen una exhortación en la que Pablo recuerda a los creyentes gálatas su anterior manera de vivir, la gran transformación que ha sucedido en ellos al ser adoptados dentro de la familia de Dios, y la profunda preocupación que tiene al verlos dispuestos a cambiar su herencia espiritual por "un plato de lentejas".

Los versículos 12–20 abundan sobre el tema del temor de Pablo, al recordarles de nuevo los cariñosos lazos de amistad que él y los gálatas habían mantenido en el pasado. El les ruega que se mantengan fieles al único evangelio, aquel que él les predicó.

Los versículos 21–31 contienen la alegoría de Agar y Sara, cuyos hijos, Ismael e Isaac, son tomados como tipos representativos de la esclavitud espiritual y de la filiación espiritual.

EL PELIGRO DE VOLVER ATRAS (4:8–11)

Antes de que los gálatas se hicieran cristianos, adoraban a deidades paganas. Pablo reconocía la existencia de tales seres como cierta clase de espíritus, pero negaba que fueran dioses. Aquellos que los adoraban se ataban a ellos. Luego, los gálatas habían llegado a conocer a Dios o, como Pablo apunta, "siendo conocidos por Dios", lo cual enfatiza el hecho que Dios tomó la iniciativa. Nuestra relación con él no depende de nuestra iniciativa.

El volver a las obras de la ley sería como dar por terminada esta relación y volver al estado de esclavitud. Pablo implica que la esclavitud a la ley es similar a la esclavitud a los dioses paganos. Ambos sistemas exigían a sus seguidores el guardar días especiales y estaciones, y se apoyaban fuertemente en el miedo y en mantener a sus adherentes en la duda y la intimidación.

Este debe haber sido uno de los atractivos que el "legalismo" judío debe haber tenido para los antiguos paganos. Tanto las obras de la ley como los dioses paganos eran "débiles y pobres rudimentos (espíritus)". Ninguno de los dos tenía poder para salvar y dar vida abundante.

Volver atrás

Algunos han creído que al haber empleado Pablo la expresión "volver a la esclavitud", quería significar que los gálatas podían haber perdido su salvación. Es significativo que Pablo haya usado la expresión "volver a la esclavitud", la cual es una expresión técnica que se utiliza, tanto para la conversión religiosa (1 Ts. 1:9; Hch. 9:35; 15:19), como para la apostasía religiosa (2 P. 2:21–22). Sin embargo, la verdadera apostasía, a diferencia de un retroceso temporal, sólo es posible para aquellos que nunca fueron verdaderos convertidos.

La aflicción de Pablo

El versículo 13 ha fascinado a los eruditos, en primer lugar por la referencia que hace a una enfermedad física antes no mencionada y que afligió a Pablo durante su primera visita a Galacia. En la iglesia primitiva, Jerónimo interpretó que esta aflicción de Pablo era la tentación de deseo sexual, la cual identificó con el "aguijón en mi carne" de 2 Corintios 12:7. Durante la Reforma, Martín Lutero desechó una referencia a los sufrimientos y aflicciones de Pablo traídas como consecuencia de las persecuciones que soportó.

Sin embargo, en años recientes la mayoría de los comentaristas han descartado ambas interpretaciones tradicionales, y se han inclinado por la idea que Pablo se refería aquí en Gálatas a alguna enfermedad de su cuerpo que estaba afectando su trabajo misionero.

Lo que los gálatas pensaban al aceptar de nuevo tal condición de esclavitud, hizo que Pablo considerara que había fallado con ellos. Podemos entender los sentimientos de Pablo en esta circunstancia, pues es posible que algunos de ellos "gustaron de la buena palabra de Dios y los poderes del siglo venidero" (He. 6:5) y aun así no se hubieran convertido. Esto nos ayuda a entender su lamentación al cierre del versículo: "Me temo de vosotros, que haya trabajado en vano con vosotros."

■ *Volver a las obras de la ley hubiera sido*
■ *dejar una relación con Dios y "habiéndolo*
■ *conocido", regresar al estado de esclavitud.*
■ *Pablo reprendió a los creyentes de Galacia y*
■ *los exhortó a evitar ser arrastrados dentro de*
■ *un sistema religioso legalista.*

LA SUPLICA PERSONAL DE PABLO (4:12–20)

Esta sección conforma un paréntesis personal dentro del contexto de la argumentación de la justificación por la fe, la cual Pablo retoma y concluye en los versículos 21–31 con una prueba adicional de la Escritura.

El trabajo de Pablo entre los gálatas (vv. 12–16)

El haber mencionado su trabajo previo entre los gálatas, llevó a Pablo a hablar de una manera muy personal sobre su ministerio en Galacia. Comenzó con una vigorosa súplica a los gálatas: "que os hagáis como yo", es decir, libres de la ley. Luego les destacó: "porque yo también me hice como vosotros". El haberse vuelto como ellos puede significar que en la práctica Pablo estaba viviendo como un gentil. O quizá se refería al hecho que él alguna vez había sido esclavo de la ley y que había sido liberado. En cualquier caso, les estaba diciendo a sus lectores que tenía mucho en común con ellos. Sabía por lo que estaban pasando y les recomendó que siguieran su ejemplo.

Pablo fue un pionero de lo que hoy se conoce como *contextualización*, al comunicar el evangelio de tal manera que pudo hablar a todo el contexto de la gente a la cual se dirigía. Es muy importante notar que pudo *contextualizar* el mensaje de Cristo sin comprometerlo en su contenido, y esto es una estrategia que también debemos imitar de Pablo.

El amor de Pablo por los gálatas (vv. 17–20)

Antes de declarar otra vez (vv. 19, 20) su amor perdurable y su preocupación angustiosa por los gálatas, Pablo echó un larga mirada a sus oponentes, cuyas actividades perversas habían precipitado la actual crisis en las relaciones de Pablo con los gálatas. Ni aquí ni en ninguna otra parte de Gálatas, Pablo llamó por su nombre a los agitadores que estaban causando problemas. El problema no era el interés que habían demostrado por los gálatas, sino sus torvas intenciones y motivaciones egoístas. Como dice Phillips: "era para sus propios fines", o como dice Knox: "sino para fines inconfesables".

■ *En medio de sus argumentaciones sobre la*
■ *justificación por la fe, Pablo hizo una súplica*
■ *personal a los gálatas. Les dijo: "os ruego,*
■ *hermanos, que os hagáis como yo", es decir,*
■ *que se liberaran de la ley. Pablo dijo a sus*
■ *lectores que tenía mucho en común con ellos,*
■ *que el sabía por lo que estaban pasando, y*
■ *entonces los exhortó a seguir su ejemplo.*

LA ANALOGIA DE AGAR Y SARA (4:21–31)

La analogía (vv. 21–23)

Ahora Pablo lleva este argumento doctrinal al clímax. Llama la atención de aquellos que estaban pensando en ponerse bajo la ley y les pregunta si en realidad habían oído lo que dice la ley. Después de todo Pablo la había estudiado durante toda su vida pasada y había sido entrenado en la escuela de los rabinos. De ahí pasa de nuevo al tema de Abraham y sus descendientes, y esta vez toma el relato de la historia de Abraham, Sara y Agar.

Agar, la esclava, simbolizaba al monte Sinaí, el sistema de obediencia a la ley mosaica. Su hijo Ismael representaba a los que estaban esclavizados por el "legalismo". Sara representaba la libertad en Cristo. Su hijo Isaac representaba a los hijos espirituales de Abraham, los cuales fueron liberados de la ley por la fe en Cristo. Los gálatas eran los hijos nacidos en libertad, pero estaban actuando como si fueran descendientes de la mujer esclava. Pablo los exhortó a aferrarse a su posición de libertad y a evitar por todos los medios el yugo de la esclavitud (5:1).

El significado de la alegoría (vv. 24–27)

En el versículo 24 nos encontramos con una de las palabras más controversiales de toda la epístola. Al referirse al resumen histórico que acaba de hacer en los versículos 22, 23, Pablo declaró: "Lo cual es una alegoría." La interpretación alegórica persigue discernir un significado oculto en una historia o texto, un significado que puede estar divorciado de los acontecimientos históricos aludidos en el mismo texto.

Es evidente, sin embargo, que Pablo no estaba proponiendo el apartarse del significado básico de la Escritura como se encuentra en su sentido natural y literal. Lo que él llamó alegoría pudiera hoy mejor llamarse *tipología,* una narración del Antiguo Testamento interpretada en base a realidades del nuevo pacto.

La analogía completa comprende cinco juegos de pares: dos madres, dos hijos, dos pactos, dos montes (monte Sinaí y monte Sión, este último sobrentendido pero no expresado), y dos ciudades. En el siguiente cuadro tenemos a las dos mujeres y lo que representan:

Tipología.

Es un método de interpretación en el que las verdades cristianas son simbolizadas por acontecimientos del Antiguo Testamento.

AGAR	SARA
Ismael, el hijo de esclavitud	Isaac, el hijo de libertad
Nacido "según la carne"	Nacido "a través de la promesa"
El antiguo pacto	El nuevo pacto
Monte Sinaí	Monte Sión
Jerusalén actual	Jerusalén celestial

Las dos mujeres representaban los dos pactos: La ley y la promesa. El pacto de la ley, representado por Agar, vino del monte Sinaí, que es el sitio donde Moisés recibió la ley. Este monte no estaba situado en la tierra prometida sino en Arabia, el área donde se establecieron los descendientes de Ismael. Pablo liga a Agar con Jerusalén, el centro del judaísmo y de la ley. Ella y sus hijos eran esclavos. El leer estas aseveracio-

"Regocíjate, oh estéril, la que no daba a luz; levanta canción y da voces de Júbilo, la que nunca estuvo de parto; porque más son los hijos de la desamparada que los de la casada, ha dicho Jehová" Is. 54: 1.

nes debe haber producido un fuerte impacto en los judaizantes, pues los judíos habrían dicho que ellos descendían de Isaac, no de Ismael. Pensaban que eran libres, y no esclavos, como le dijeron a Jesús en una ocasión (Jn. 8:33).

Sin embargo, Pablo no estaba hablando de una relación biológica, sino de realidades espirituales. Los judaizantes insistían en la esclavitud de la ley, y la familia de Isaac se caracterizaba por la libertad y la promesa.

Sara representaba la Jerusalén de lo alto, una designación del Nuevo Testamento para la iglesia y el hogar celestial de la gente de Dios (He. 12:22; Ap. 3:12; 21:2, 9). Esta Jerusalén es libre y es la madre de todos los que están en Cristo.

Pablo cita gozosamente Isaías 54: 1, en el que la fertilidad de la Jerusalén restaurada se contrasta con la infecundidad de la Jerusalén destruida por los conquistadores. Sara había sido destruida, y la iglesia puede parecer destruida algunas veces. Pero según la promesa de Dios, los hijos de la libertad serán muchos. Pablo recordaba a los gálatas que ellos, junto con él, pertenecían a la familia de Isaac, la familia de la promesa.

- *Pablo lleva a un clímax su argumento doctrinal*
- *cuando se refiere a la historia de Abraham,*
- *Sara y Agar. El utiliza el método de la tipolo-*
- *gía, e interpreta una narración del Antiguo*
- *Testamento en base a realidades del nuevo*
- *pacto. Con esta analogía demuestra que los*
- *gálatas, junto con él, pertenecían a la familia*
- *de la promesa.*

LA APLICACION PERSONAL (4:28–31)

Al citar a Génesis 21:8–14, Pablo adapta las palabras de Sara sobre Ismael a la situación en Galacia: "Echa fuera a la esclava y a su hijo." Este pasaje de Génesis habla del desagrado de Sara ante la continua presencia de Ismael al lado de Isaac. Más tarde la tradición judía hablaría de la persecución de Isaac por Ismael.

Pablo vio que esta situación se estaba repitiendo en los problemas que los judaizantes estaban creando a los gálatas. Sara había exigido que Agar e Ismael fueran echados de la casa. La herencia no podía ser compartida entre el hijo de la libre y el hijo de la esclava. Pablo está buscando una solución radical al problema en Galacia. Los legalistas tenían que ser echados fuera. En el versículo 31 de nuevo recuerda a los gálatas que ellos eran hijos de la libertad.

PREGUNTAS PARA GUIAR SU ESTUDIO

1. Describa la doctrina de la adopción. ¿Qué es lo que incluye?
2. Por qué el concepto de la filiación representó tan buenas nuevas para aquellos que estaban en la esclavitud de la ley?
3. ¿De qué peligro estaba Pablo advirtiendo a los gálatas? ¿Qué interés tenía Pablo en su crecimiento como creyentes?
4. ¿Cuál es el significado de la analogía que hizo Pablo con el relato de Sara y Agar?

GALATAS 5

SECCION INTRODUCTORIA: EL ARGUMENTO PRACTICO (5:2–6:10)

El capítulo 5 es el inicio de la sección práctica final de Pablo. En esta sección última Pablo previno contra la desenvuelta actitud que el haber sido liberados de la ley produjo en algunas personas que vivían en desobediencia. Recordó a los gálatas que debían responder a los apremios del Espíritu Santo y no dejarse subyugar por los apetitos de la carne. También les suplicó que se preocuparan los unos por los otros y que fueran persistentes en su compromiso con Cristo.

UN APASIONADO LLAMADO A LA LIBERTAD EN CRISTO (5: 1–12)

"Estad, pues, firmes en la libertad" (v. 1)

El versículo 1 es una frase de transición y pudiera fácilmente conectarse con el capítulo 4. Es un reto incitante para abrazar la libertad, no la esclavitud. Si la epístola a los Gálatas es la "Carta Magna" de la libertad cristiana, entonces Gálatas 5:1 tiene razones para ser considerado uno de los versículos clave de la epístola.

"Porque si una persona obedece toda la ley, pero falla en un solo mandato, resulta culpable frente a todos los mandatos de la ley." Santiago 2:10, (DHH)

"De la gracia habéis caído" (vv. 2–6)

Los versículos 2 y 3 anuncian a los gálatas dos terribles consecuencias para aquellos que caen en el legalismo: (1) Anularía los beneficios de Cristo para ellos, y (2) los obligaría a guardar toda la ley. Quizá los gálatas no habían pensado en eso, pero no podían someterse a la circuncisión y detenerse allí. Una vez que admitieran que era necesaria, también tendrían que admitir que todo el resto de la ley era necesario, Como lo dice el apóstol Santiago: "Porque cualquiera que guardare toda la ley, pero ofendiere en un punto, se hace culpable de todos" (Stg. 2: 10).

Pablo siguió hablando sobre el primer peligro, las consecuencias de volver a la ley, lo cual anula los beneficios de Cristo en la vida de la persona. El explicaba que, para aquellos que regresan a la ley, "de nada os valdrá Cristo". Esto es así porque el camino de Cristo en un enfoque totalmente diferente hacia la justicia. Si Cristo y la ley fueran sencillamente dos elementos en una lista de maneras para agradar a Dios, entonces no deberían dudar y usar ambas. Pero el camino de la ley es el camino del esfuerzo humano, y el camino de Cristo es la negación del esfuerzo humano. Los dos son mutuamente excluyentes.

"Todo aquel que quiera tener sólo la mitad de Cristo, perderá la totalidad."
Juan Calvino

Pablo continúa con esta idea en el versículo 4, donde dice: "De Cristo os desligasteis, los que por la ley os justificáis; de la gracia habéis caído." Tales personas se eliminan ellas mismas de la relación en la que Cristo puede ser de beneficio. Los tales han caído de la gracia.

Debido a que esta frase ha venido a significar para algunos que una persona puede ser salva por medio de la fe en Cristo, y posteriormente perder su salvación a través de algún pecado que cometa, debe ser sometida a un cuidadoso estudio. Primero debemos notar que Pablo está hablando de la pérdida catastrófica de los beneficios de Cristo. Esta clara declaración no debe ser minimizada en su importancia. (Ha sido sugerido, por ejemplo, que esas personas pudieran haber caído de la gracia santificadora, pero no de la gracia justificante.) Está claro que Pablo no está hablando de perder la salvación por cometer pecados, sino que está hablando de sustituir la ley por la gracia como la base de salvación.

Segundo, debemos recordar que Pablo está hablando de una situación hipotética. Para dar mayor énfasis él está hablando como si los gálatas ya hubieran caído de la gracia. El tan sólo está llevando su argumento a su lógica conclusión para demostrar a los gálatas el grave peligro en que se encontraban. Su preocupación aquí es poder guiar de modo práctico, y no quedar en argumentos teóricos.

La promesa de justicia a través de la ley es llamativa debido a que es definida y tangible. La justicia que viene a través de la fe, argumenta Pablo, no es menos real. Aunque esta justicia puede que no sea experimentada en su plenitud hasta el juicio final de Dios, está desde ya presente en la forma de esperanza a medida que el Espíritu va trabajando en el creyente.

El versículo 6 es clave pues corta a través del debate acerca de la circuncisión para mostrar lo verdaderamente importante. La circuncisión no significa nada, así como tampoco la incircuncisión. También era un error serio que los gálatas, por haber rechazado la circuncisión, estuvieran pensando que habían ganado algún mérito ante Dios. Puede haber "legalismo" tanto en hacerlo, como en no hacerlo. Lo único que de verdad importa es "la fe que obra por el amor".

La circuncisión o la cruz (vv. 7–12)

"¿Quién os estorbó?" es una pregunta retórica similar a "¿quién os fascinó?" de 3:1. El resultado de esta siniestra interferencia en la carrera de la vida de los gálatas es que habían dejado de obedecer a la verdad. Hacia el comienzo de la carta Pablo había resumido todo el mensaje bajo el encabezamiento "la verdad del evangelio" (2:5, 14). Esto es precisamente lo que los gálatas estaban a punto de abandonar por causa de su alianza con la inaceptable teología de los falsos profetas. Aquí Pablo los está llamando para que no sigan, puesto que están al borde del desastre.

En el versículo 7 encontramos tres importantes aplicaciones:

1. La vida cristiana es un maratón; no un esfuerzo corto de 100 metros. Pablo deseaba que los gálatas, que habían comenzado tan bien, terminaran de igual manera. Los ministros tienen la responsabilidad especial de alimentar a los creyentes nuevos para que puedan mantenerse en el curso correcto y que no se dejen desviar por los que ponen obstáculos que aparecerán con toda seguridad.

2. Pablo no se rindió con los gálatas, a pesar de que muchos de ellos lo habían abandonado para unirse a los falsos maestros y, según todas las apariencias, se habían perdido para la causa de Dios y la verdad. Desde la perspectiva de Dios, ninguna persona que haya sido genuinamente regenerada podrá nunca alejarse por entero de la fe (Jn. 10:28; Ro. 8:29; Ef. 1:4–6).

   Pablo "confiaba" en que los gálatas podían ser recuperados, así que trabajó tenazmente en ese sentido. En la misma forma debe proceder todo ministro del evangelio cuando aconseje a aquellos que pueden haver sido tentados a abandonar la carrera que han comenzado.

3. "La verdad del evangelio" no es sólo algo en lo que debemos creer, sino algo que también debemos obedecer. Como habían olvidado los sólidos fundamentos teológicos que Pablo les había enseñado, los gálatas pronto se encontraron inundados de inmoralidades y corrupciones de toda clase. Al debilitar su confianza en la doctrina verdadera, Satanás los sedujo para llevarlos a una vida de libertinaje. En nin-

"Correr una carrera"

Pablo compara la vida cristiana con los que corren una carrera en el estadio. La imagen del atleta se encuentra en varios de los escritos de Pablo (1 Co. 9:24–26; Fil. 3–14; 2 Ti. 4:7). La imagen es la de un atleta olímpico quien se dispara desde la línea de partida con gran vigor y quizá adelante a sus competidores, sólo para encontrarse con que alguien del público entra repentinamente en la línea de carrera y lo hace tropezar en una inesperada curva de la pista.

guna otra parte podemos ver con tanta claridad la correlación entre integridad doctrinal y vitalidad espiritual.

A medida que Pablo continúa su carta habla de los métodos de los falsos maestros, y analiza el resultado final de esa impertinente interferencia. Al efecto, usa la expresión proverbial del ambiente de los panaderos: "Un poco de levadura leuda toda la masa." Este es un decir del sentido común popular, muy parecido a "Basta una manzana podrida para dañar todo la cesta".

La enseñanza de Pablo es clara: Sus oponentes no habían trastornado la totalidad de la enseñanza cristiana, sino que estaban tratando de hacerle un ajuste de aparente menor importancia, como era el querer imponer el inofensivo rito de la circuncisión. Pero aun esta aparente pequeña desviación en materias fundamentales de la fe puede traer ruina total a la comunidad cristiana. Tan sólo un poco de veneno, si de verdad es potente, puede destruir todo el cuerpo.

El versículo 9 termina con una referencia a la masa fermentada, toda una hornada de pan afectada completamente por un poco de levadura. Las iglesias en Galacia estaban alborotadas. Estaban titubeando y quizá hasta inclinándose a favor de los oponentes de Pablo, aunque aún no habían sucumbido completamente a las propuestas persuasivas de los falsos maestros. La intención primaria del apóstol al escribir esta carta fue probablemente la de proveerles de un contrapeso contra los falsos maestros.

Es evidente que parte de la perturbación a que se refiere el versículo 10 se origine en una falsa acusación, en una mentira difamatoria que los oponentes de Pablo habían hecho circular desde su primer contacto con ellos con motivo de su primera visita. Al exigir que los creyentes gentiles de

"Persuasivo"

Es evidente que los agitadores que predicaban la circuncisión habían ejercido una poderosa influencia sobre los convertidos de Pablo. Los habían fascinado y les habían hecho interrumpir su carrera hacia la meta final. ¿Cuál sería el secreto de su éxito? Pablo contestó esta pregunta usando (v. 8) una palabra muy original, "la persuasión" (del griego *peismone*), un término que no se encuentra en ninguna otra parte en la literatura griega más antigua.

Galacia fueran circuncidados, iban murmurando: "¿Sabían ustedes que el mismo Pablo es un defensor de la circuncisión?" Para nosotros esto parece un cargo descabellado y con certeza Pablo pensaba que en ello había muy mala intención.

El versículo 12 es la expresión más fuerte de toda la epístola, y con ella demostró Pablo cuán perturbado estaba con esta crisis. Algunos estudiosos la han considerado como la frase más alarmante de Pablo registrada en el Nuevo Testamento. Al referirse al acto de la circuncisión, el apóstol expresa su deseo que todos los que la propugnaban se emasculasen: "¡Ojalá se mutilasen los que os perturban!" La versión *Dios Habla Hoy* traduce este versículo así: "Pero esos que los andan perturbando, ¡ojalá se castraran de una vez." Sea cual sea la traducción que escojamos para este versículo 12, no debemos imaginar que Pablo lo decía con un sentido literal de desear un daño físico para sus oponentes. El no luchaba con armas carnales, sino con "la espada del Espíritu, que es la palabra de Dios" (Ef. 6:17).

■ *En esta sección Pablo describe los peligros de*
■ *ceder a las demandas de los judaizantes*
■ *sobre la circuncisión. Podemos sentir el cho-*
■ *que de emociones turbulentas y conflictivas*
■ *cuando vacila entre la consolación y el enojo,*
■ *entre la exasperación y la esperanza. Pablo*
■ *utilizó varias palabras fuertes contra los*
■ *judaizantes cuyas falsas enseñanzas estaban*
■ *envenenando las iglesias de Galacia.*

LA CARNE Y EL ESPIRITU (5:13–26)

La ley del amor (vv. 13–15)

Pablo de nuevo plantea su desafío. Así como en el versículo 1 señala hacia la libertad. Al igual que en el versículo 8, les recuerda su llamado, y los llama hermanos en repetidas oportunidades (3:15; 4:12, 31). Una vez establecida la lase para la libertad, de inmediato aclara lo que significa la libertad cristiana. Siempre hay el peligro que la libertad sea confundida con el libertinaje. Se pudiera convertir, Pablo decía, en una "ocasión para la carne". Con la palabra "carne" Pablo quería referirse a la naturaleza humana sin la motivación del Espíritu Santo.

Si el cristiano no está bajo la ley, ¿entonces qué se opone a que se entregue a los deseos de la carne? La respuesta de Pablo a esta pregunta es, ¡el compromiso de ser siervos unos de otros a través del amor! Esto es el todo de la ley. Si usted ama a su prójimo como a usted mismo (Lv. 19:18; Lc. 10:27), entonces ha satisfecho el propósito de la ley (Ro. 13:8–10). Así, Pablo demostró que él no negaba lo que la ley perseguía, que era la justicia y la probidad. El sencillamente decía que la ley no lo puede conseguir, pero que Cristo sí puede.

La vida sin amor sería el caos y la destrucción. Esto es cierto, tanto para el "legalismo" como para el libertinaje. Si no hay amor, "os mordéis y os coméis unos a otros", como animales salvajes despedazándose las gargantas unos a otros.

Conflicto y victoria (vv. 16–18)

Pablo acaba de describir el tipo de vida deteriorada que se experimenta cuando se cae en indulgencias incontroladas de la carne. Luego presenta la alternativa cristiana, la cual no es por la ley, sino por el Espíritu. Pablo usa diferentes verbos para ilustrar cómo es la vida del creyente controlada por el Espíritu, verbos que, en general, tienen significados equivalentes. También exhorta a los creyentes para que:

1. Sean guiados por el Espíritu (v. 18).
2. Vivan por el Espíritu (v. 25a).
3. Anden por el Espíritu (v. 25b)

Cada uno de estos verbos sugiere una relación de interacción dinámica, dirección y propósito. El Espíritu en la vida del creyente significa la presencia del poder de Dios en el diario vivir.

DESCRIPICION DE LAS OBRAS DE LA *CARNE* EN EL NUEVO TESTAMENTO

Las quince obras que Pablo lista en su "catálogo de maldades" no pretende ser exhaustiva, como se deduce de su frase final: "y cosas similares a estas".

Pecados de inmoralidad:

Inmoralidad sexual: Es significativo que los tres primeros actos que Pablo incluye en su lista de pecados tienen que ver con la relación sexual desordenada. Este enfoque es típico de Pablo, como lo podemos ver en otros de sus escritos (1 Co. 6:9; 6:18; Ef. 5:5; 1 Ts. 4:3).

La palabra griega para "inmoralidad sexual" significaba originalmente "prostitución." En la época de Pablo se utilizaba con una connotación más amplia que abarcaba todo un grupo de relaciones sexuales inmorales, e incluía al incesto (1 Co. 5:1). Una conducta desordenada del creyente en este campo contrista profundamente al Espíritu Santo, cuya presencia en su vida ha hecho de su cuerpo un templo de Dios.

Los actos de inmoralidad sexual, aunque a menudo se hacen en nombre del amor, son en realidad una antítesis del amor, el cual es el fruto excelso del Espíritu.

Impureza. El significado literal de esta palabra es "falta de limpieza" y tiene connotaciones, tanto

La carne

La palabra carne proviene del griego *sarx,* y es un término complejo con varias acepciones, según el contexto en que se utilice. En varios lugares de Gálatas Pablo utiliza la palabra *carne* para referirse a la vida humana en su dimensión material, el cuerpo físico, en contraste con lo espiritual o lo divino (2:20; 4:29). Sin embargo, a través de Gálatas 5–6, el término "carne" es usado con una connotación ética negativa. Carne se refiere a la naturaleza humana caída, el centro del orgullo humano. Carne es el campo de la indulgencia y de la justificación de sí mismo. No podemos restringir el uso del término carne al cuerpo humano, aunque las "obras de la carne" que Pablo describe brevemente en los versículos 19–21, estén en evidente relación con la vida corporal. Pablo advierte a los gálatas que no deben convertir su libertad en libertinaje, ni usarla como ocasión para dar satisfacción a los deseos de la carne.

médicas como ceremoniales. Aun hoy en día los médicos hablan de limpiar una herida antes de aplicar el medicamento.

Bajo la ley mosaica, la impureza ceremonial impedía la participación en los rituales de adoración del templo, hasta que el impedimento fuera removido. La falta de limpieza, en nuestro caso, se refiere a la corrupción del pecado sexual y la consecuente separación de Dios que conlleva. El remedio para tal pecado es confesarlo y arrepentirse. Si lo confesamos y nos arrepentimos, la promesa de la Palabra de Dios es que Cristo es justo y fiel para perdonarnos y purificarnos de toda maldad (1 Juan 1:9).

Disolución. William Barclay define este vicio particular como "un amor por el pecado, tan temerario y audaz, que hace que el hombre pierda todo respeto por lo que Dios o el hombre puedan pensar de sus actos" (*Flesh and Spirit: An examination of Galatians 5:19–23* [La carne y el Espíritu: Un análisis de Gálatas 5:19–23], Londres: SMC, 1962, 31). Disolución habla de una pérdida total de las perspectivas, de ausencia de restricciones, de respeto y de amor propio.

Pecados de idolatría:

Idolatría. Desde los antiguos cultos por la fertilidad a Baal hasta la "prostitución sagrada" en el templo de Afrodita en Corinto, el homenaje que se tributaba a los falsos dioses incluía con frecuencia vergonzosas exhibiciones de sensualidad. Es significativo que la palabra *idolatría* no se encuentre en los textos de los escritores clásicos, sino que pertenece con exclusividad al vocabulario cristiano del Nuevo Testamento.

Brujería. En la raíz de este vocablo encontramos la palabra griega *pharmacon,* que literalmente significa "droga". En el griego clásico, la palabra *pharmakeia* se refería al uso de drogas, ya fuera

En tiempos del Nuevo Testamento las drogas eran usadas para fines ocultos, los cuales incluían, de manera especial, el aborto. En la iglesia primitiva el infanticidio, que a menudo se efectuaba mediante la exposición del recién nacido a la intemperie, y el aborto, el cual se inducía por lo general mediante el uso de drogas, eran ambos condenados por considerárseles asesinatos. Ambos son flagrantes violaciones del mandamiento de Jesús de "amarás a tu prójimo como a ti mismo".

con fines medicinales o con propósitos siniestros (p. ej. envenenamiento). Sin embargo en el Nuevo Testamento, siempre se encuentra asociada con lo oculto. Esto se comprueba aquí en Gálatas y en Apocalipsis, donde ocurre dos veces (Ap. 9:21; 18:23).

Pecados de animosidad o aversión:

Enemistades. Este es el primero de ocho nombres que Pablo utiliza para referirse al rompimiento de la relación entre las personas; *Odio* es la palabra que se usa en otras versiones (NVI). Es lo opuesto al amor. En Romanos 8:7 Pablo usó la misma palabra para describir la hostilidad de la mente pecadora contra Dios. Aquí en Gálatas su fuerza destructiva tiene efecto en el plano de las relaciones humanas. Las formas específicas en que la enemistad o el odio puede contribuir a destruir una comunidad son: discordia, celos, ataques de rabia, ambiciones egoístas, divisiones, disensiones, envidia, etc.

Pleitos. En el Nuevo Testamento esta palabra es exclusiva de Pablo, quien la usa nueve veces para caracterizar la rivalidad y discordia que plagaban a tantas congregaciones. El estaba consciente de que había algunos que predicaban a Cristo "por envidia y contienda" (Fil. 1:15). Esto demuestra que es posible que los siervos de Dios usen motivos indignos y egoístas para lograr bienes mayores. Sin embargo, el daño se le hace al cuerpo de Cristo cuando los ministros del evangelio no caminan en el Espíritu sino que son desviados por discusiones irrelevantes y por el orgullo.

Celos. Esta palabra también se usa en la Biblia en un buen sentido, inclusive Dios la aplica a sí mismo. Sin embargo, Pablo aquí la aplica con una connotación negativa. Una persona celosa es alguien que quiere lo que otros tienen. Un pastor celoso mira con ojos envidiosos a la congregación más próspera del pastor vecino.

Los celos a menudo llevan a amargura y, a veces, explotan con violencia, como cuando los hermanos de José lo ataron y lo vendieron como esclavo (Génesis 37:12–26). En la raíz de todo sentimiento de celos hay una postura básica de ingratitud hacia Dios, una falla al no aceptar la vida de uno como un don de Dios. El envidiar lo que otro tiene es despreciar los dones que hemos recibido de Dios, es rebeldía y despecho contra él.

Iras. Aquí tenemos otra expresión que es una sola palabra en el griego del Nuevo Testamento, con varias facetas en su significado según el contexto en que sea usada. Por ejemplo, la misma palabra es usada en Apocalipsis para referirse, tanto a la ira de Dios (14:10; 19:15), como a la gran ira del diablo (12:12). Aquí en Gálatas significa una explosión apasionada de rabia o de sentimientos hostiles.

Tales demostraciones de violencia verbal incontrolable no deben justificarse como el producto de un "temperamento explosivo" o de una propensión natural a "perder los estribos". Tales ataques de ira son una forma de conducta impropia de un cristiano. Nos arrastran lejos de Dios y de las indicaciones de su Espíritu y, además, nos enredan en las obras de la carne.

Ambición egoísta. Este es un término que se deriva de la cultura política de la antigua Grecia, en donde significaba "buscador de favores" o "solicitante de canonjías". Aunque muchos hombres y mujeres de Dios han sido llamados a testificar de su vocación cristiana en la vida política, también es cierto que la política atrae a aquellas personas inclinadas a promocionarse a sí mismas y lograr cosas para beneficio propio, en lugar de servir a los demás. Para tales "animales políticos" el trepar por la escalera del éxito o manipular los procesos en beneficio personal, es parte de ese estilo de vida que sólo busca ventajas para ellos mismos.

Estas características de vida ya son malas para la política secular; tanto más no lo son para la comunidad de fe cuyo Señor y Salvador enseñó todo lo contrario a este detestable vicio. El no vino para ser servido, sino para dar su vida en rescate por muchos.

Contiendas o divisiones. Pablo usó esta palabra en sólo otra ocasión (Ro. 16:17). "Disensiones" conlleva tonalidades políticas que sugieren el cultivar grupos o partidos de espíritu, elites exclusivas dentro de la iglesia. Cada vez que esto sucede, se rompe la unidad y el compañerismo del cuerpo de Cristo. Pablo previno a los gálatas con estas palabras: "Pero si os mordéis y os coméis unos a otros, mirad que también no os consumáis unos a otros" (5:15). Estas manifestaciones van en detrimento de la vida y el testimonio de la gente de Dios.

Disensiones. Esta palabra también ocurre sólo otra vez en los escritos de Pablo. En 1 Corintios 11:19 Pablo habla de varias disensiones en la iglesia de Corinto. El significado básico de la palabra *disensiones* proviene del verbo "escoger" (capacidad para disentir), del cual también proviene la palabra *herejía.* Este versículo de 1 Corintios nos recuerda que la tendencia al divisionismo, tan evidente en muchas congregaciones, es el resultado de haber escogido intencionalmente la senda del orgullo egoísta, la envidia y las discusiones irrelevantes, en lugar de haber tomado el camino real del amor, el perdón y la magnanimidad.

La palabra herejía se deriva de una palabra griega que se puede también traducir como "disensiones" o "facciones".

Envidias. Esta es una palabra con características similares a las de "celos", aunque envidias implica pluralidad, multitud de expresiones de deseos envidiosos. En Gálatas 5:21 se refiere a la inaceptable rivalidad que había surgido de la malicia y mala voluntad que se tenían los gálatas entre sí.

Pecados de intemperancia:
Borracheras. Llegamos ahora al cuarto grupo de hechos pecaminosos que Pablo incluye en su catálogo de obras de la carne. No hay lugar para borracheras en una vida guiada por el Espíritu. El abuso del alcohol era una característica común en la vida urbana del Imperio Romano,

pero Pablo exigía un norma más elevada de conducta entre aquellos que pertenecían a Cristo.

Más tarde había de escribir a los efesios: "No os embriaguéis con vino, en lo cual hay disolución; antes bien sed llenos del Espíritu" (Ef. 5:18). Además del frecuente abuso del alcohol, Pablo ha debido tener en mente la embriaguez cúltica de los que practicaban la religión de ministerios de Dionisio, el dios del vino. Algunos que tenían este hábito de emborracharse antes de la cena del Señor en Corinto, puede que estuvieran influidos por este ritual pagano (1 Co. 11:21). Pablo consideraba incompatible el abuso del alcohol con el verdadero compromiso cristiano.

Orgías. Esta palabra ha sido traducida de diferentes maneras: "ir de parranda", "ir de juerga", etc. La encontramos tres veces en el Nuevo Testamento (aquí, en Ro. 13:13 y en 1 P. 4:3). En cada caso está vinculada al pecado de las borracheras. En el tiempo de Pablo, así como en nuestros días, el abuso del alcohol ha contribuido a la infidelidad matrimonial, a abusar de la esposa y de los hijos, a la erosión de la vida familiar y al caos moral en la sociedad.

■ *A través de Gálatas 5:19–21, Pablo nos ha*
■ *llevado quince escalones hacia abajo en el*
■ *foso de la depravación. Nos muestra la fea*
■ *realidad de la carne. El hubiera podido*
■ *seguir y seguir, como lo indica su frase de*
■ *cierre "y cosas semejantes a estas". Sólo la*
■ *gracia divina, a través del poder transforma-*
■ *dor del Espíritu, puede rescatarnos del lazo*
■ *de tal vida tan desprovista de amor.*

Un catálogo de maldades

PECADOS DE INMORALIDAD	PECADOS DE IDOLATRIA	PECADOS DE ANIMOSIDAD	PECADOS DE INTEMPERANCIA
Adulterio	Idolatría	Enemistades	Borracheras
Fornicación	Hechicería	Pleitos	Orgías
Impureza		Celos	
Disolución		Iras	
		Ambición egoísta	
		Contiendas	
		Disensiones	
		Envidias	

El fruto del Espíritu (vv. 22–26)

Después de mencionar quince pecados, quince ilustraciones de lo que son las obras de la carne, Pablo vuelve a contrastar estos errores con la vida de gracia controlada por el Espíritu.

Pablo agrupa estas nueve gracias en tres tríadas para dar un sentido de orden y plenitud, aunque con ellas no se agote la lista de las virtudes cristianas.

Amor. Esta palabra es usada con mucha frecuencia por Pablo. También es significativo que el amor encabeza la lista de estas nueve gracias de la vida cristiana. Bien pudiera haber puesto un punto después del amor, y de ahí pasar a la conclusión de su carta.

En esta lista, no es que el amor sea "el primero entre iguales", sino que es la fuente de origen de la cual brotan las demás gracias. El amor característico de la vida cristiana se origina del insondable amor de Dios y de su infinita misericordia para con nosotros.

 Es de suprema importancia que los cristianos aprendan a vivir juntos en amor. Cuando se olvidan de esto, vie-

Para Pablo el amor era fundamental para todo lo que había dicho y aún tenía por decir en Gálatas: "y lo que ahora vivo en la carne, lo vivo en la fe del Hijo de Dios, el cual me amó y se entregó a sí mismo por mí" (Gá. 2:20). Este es, pues, el resultado del ministerio transformador y santificador del Espíritu Santo en nuestra vida: Somos habilitados para amarnos unos a otros con el mismo amor con que Dios nos amó. Pablo perfiló esta clase de amor en 1 Corintios 13.

nen dos terribles consecuencias. Primera, la adoración de la iglesia se interrumpe debido a que los dones del Espíritu son puestos en competencia con el fruto del Espíritu, como sucedió en Corinto. Segunda, el testimonio de la iglesia es dañado debido a que los no creyentes tropiezan y caen ante la evidente falta de amor dentro del cuerpo de Cristo.

Gozo. Pablo enfatiza con frecuencia el origen divino del gozo, cuando anima a los creyentes "gozaos en el Señor" (Fil. 3:1), "nos gloriamos en Dios" (Ro. 5:11). La raíz griega para *gozo* es la misma que para *gracia.* Es obvio que existe una estrecha relación entre los dos conceptos. Gozo también está estrechamente relacionado con *esperanza,* una palabra que Pablo no incluyó en la lista del fruto del Espíritu.

Paz. Así como el verdadero gozo no puede medirse por la ausencia de circunstancias desagradables, tampoco la paz puede definirse en términos del cese de la violencia, de la guerra y de las contiendas. El concepto hebreo de la paz es mucho más positivo que eso, y se refiere a una condición de integridad y bienestar que incluye, tanto una correcta relación con Dios, como una amorosa armonía con nuestro prójimo. Pablo habla de ambas condiciones, de "paz para con Dios", que es la consecuencia de haber sido justificado por la fe, y de "la paz de Dios", la cual trasciende el entendimiento humano (Ro. 5:1; Fil. 4:7).

La tríada amor, gozo y paz era un santo y seña familiar entre los cristianos primitivos, y es comparable a la de fe, esperanza y amor. Es evidente que estas tres gracias abarca todo el campo de la existencia cristiana.

El gozo cristiano se reconoce por la celebración y la expectativa de la victoria definitiva de Dios sobre los poderes del pecado y la oscuridad. Esta es una victoria que ya se actualizó en la muerte y resurrección de Jesucristo quien, "por el gozo puesto delante de él sufrió la cruz" (He. 12:2), pero que ahora ha sido exaltado a la derecha del Padre, desde donde vendrá con poder y gloria.

Paciencia. La paciencia se refiere a esa cualidad de la mente para aceptar las cosas sin alterarse ni ofenderse con facilidad. Es la habilidad de llevarse bien con las personas, aun cuando sabemos que no es cosa fácil. La paciencia, en este sentido, por supuesto, es con preeminencia una característica de Dios. Si él es tan paciente con nosotros, ¿no deberíamos nosotros desplegar la misma gracia en nuestra relación con el prójimo? Esta cualidad debería caracterizar la vida de cada creyente, aunque tiene especial relevancia para aquellos que están llamados a enseñar y predicar la Palabra de Dios (2 Ti. 4:2).

"La construcción progresa piso por piso. El amor es el fundamento, el gozo es la estructura y la paz la que corona el todo." J. B. Lightfood.

Benignidad. como la paciencia, la benignidad es una característica de Dios, que deseablemente debe ser reproducida por el Espíritu en los creyentes. Dios es benigno con los pecadores para tratar así de alcanzarlos y llevarlos a la salvación (Ro. 2:4). La benignidad no es sentimentalismo, y Pablo previno a los creyentes "mirad, pues, la bondad y la severidad de Dios" (Ro. 11:22). Con frecuencia urge a los cristianos: "antes sed benignos unos con otros, misericordioso, perdonándoos unos a otros" (Ef. 4.32) y revestidos de benignidad (Col. 3:12). ¿Cuándo se iba a ver esta gracia cristiana entre los gálatas, si estaban mordiéndose y devorándose entre ellos?

Juan Crisóstomo, obispo de Constantinopla, definía la paciencia como un espíritu que pudiera tomar venganza, pero que decide no hacerlo.

Bondad. Esta palabra aparece cuatro veces en el Nuevo Testamento, y sólo en los escritos de Pablo. Tiene la connotación de benevolencia y generosidad hacia otras personas. Algunas veces hablamos de algo que "nace de la bondad del corazón", lo cual tiene un significado parecido pero, al igual que sucede con los nueve componentes de la lista, estamos manejando características éticas que el Espíritu Santo ha producido en el creyente, y no incluimos cualidades personales cultivadas fuera de esta dinámica sobrenatural.

Fe. La palabra *fe* tiene varios significados diferentes en el Nuevo Testamento, tres de los cuales se encuentran en Gálatas. Primero, está la fe en el sentido del contenido básico del mensaje cristiano, *la fe que una vez fue entregada a los santos*. Pablo usa la palabra *fe* en este sentido en Gálatas 1:23, donde habla de las noticias que circulaban acerca de él después de su dramática conversión: "Solamente oían decir: Aquel que en otro tiempo nos perseguía, ahora predica la fe que en otro tiempo asolaba." Más comúnmente, *fe* se refiere a la aceptación que uno hace.

Mansedumbre. Habla de un espíritu dócil hacia Dios y dispuesto a ser enseñado, lo cual se manifiesta en humildad y consideración hacia los demás. Es lamentable que esta palabra haya llegado a tener la connotación popular de debilidad y de carencia de vigor o ímpetu.

La mansedumbre no es incompatible con acciones decisivas ni con convicciones firmes. Recordemos que Jesús fue quien expulsó a los mercaderes del templo, porque estaban convirtiendo en cueva de ladrones la casa de su Padre. Esta mismo Jesús era manso y humilde (Mt. 11:29).

Templanza. Se refiere al domino propio, al control de nuestro propios deseos y pasiones. En 1 Corintios 7:9 Pablo usa una expresión equivalente en un contexto relacionado con el control de los impulsos sexuales y deseos. La misma idea la encontramos aquí en Gálatas aunque, el dominio propio, como una virtud cristiana, no se limita únicamente a materias de sexualidad. La comparación que hace Pablo de la vida cristiana con la vida del

La mansedumbre es una expresión del fruto del Espíritu que se manifiesta como una fuerza bajo control o un poder para servir en amor y con actitudes respetuosas. Uno que sea gentil en este sentido no tratará de atropellar a los demás o de imponer de manera arrogante su propia voluntad, ni a iguales ni a subordinados.

atleta nos resulta muy ilustrativa para la interpretación de esta palabra.

La templanza o dominio propio aparece la última en la lista de Pablo, lo cual puede indicar que su importancia equivale a la suma de las virtudes precedentes. Esto debía haber sido de particular relevancia para el ambiente de los gálatas, donde las antinomias fuera de control eran ahora reemplazadas por un nuevo respeto a la ley moral de Dios

En 1 Corintios 9:24–27 Pablo comparó a los cristianos con los atletas que deben someterse a un estricto entrenamiento para poder competir como corredores o peleadores. Un cristiano sin dominio propio es como un corredor que corre sin rumbo de un lado a otro de la pista, o como el boxeador que lanza golpes al aire

---

UN CATALOGO DE GRACIAS

Amor

Gozo

Paz

Paciencia

Benignidad

Bondad

Fe

Mansedumbre

Templanza

■ *Después de catalogar quince pecados como*
■ *obras de la carne, Pablo las contrasta con el*
■ *fruto del Espíritu. Estas tres tríadas de gra-*
■ *cias cristianas se hacen evidentes en la vida*
■ *llena del Espíritu.*

PREGUNTAS PARA GUIAR SU ESTUDIO

1. ¿Cuáles son las diferencias críticas entre las obras de la carne y el fruto del Espíritu?

2. ¿Qué quería decir Pablo cuando advirtió a los gálatas de "no caer de la gracia"?

3. Pablo llama a las nueve virtudes cristianas que enumeró como el "fruto del Espíritu" ¿Cuáles son aquí las implicaciones del vocablo *fruto*?

4. ¿Qué debemos hacer para cultivar el fruto del Espíritu en nuestra vida?

LA LIBERTAD EN EL SERVICIO A LOS DEMAS (6:1–10)

Hasta este punto de su exhortación Pablo ha presentado la causa de la ética cristiana, no en términos de una teoría general sobre el comportamiento humano, sino como el desarrollo del principio de la libertad en la vida del creyente y en la comunidad a la que este creyente pertenece.

"Sobrellevad los unos las cargas de los otros" (vv. 1–3)

El versículo 1 es de gran importancia para comprender el carácter de la disciplina congregacional en la iglesia primitiva. Pablo retoma su palabra favorita: "Hermanos", para dirigirse a los gálatas. Cuando así procede, no sólo está indicando que va a plantear un nuevo tema de discusión, sino que les está recordando a sus lectores el cariño cuidadoso que siente por ellos.

Hay mucha especulación acerca del significado exacto del comentario de Pablo: "si alguno fuere sorprendido en alguna falta."

La palabra traducida por "sorprendido" significa literalmente ser detectado, alcanzado.

No sabemos a qué transgresión específica se estaba refiriendo Pablo en este pasaje. Tampoco estamos seguros de que se estuviera refiriendo a un caso concreto que le hubiera sido presentado, o si es que estaba dando unas reglas generales para tratar estos casos de serios deslices morales entre los gálatas.

Lo que sí está claro es que Pablo estaba dando respuesta a una situación real en la que estaban presentes hechos pecaminosos concretos, tales como los que acaba de mencionar como obras de la carne (5:19–21). Pablo dirigió su mensaje a "vosotros que sois espirituales". Con esto se estaba refiriendo a aquellos cristianos que caminan en el Espíritu, que son guiados por el Espíritu y que se mantienen con el Espíritu.

Es preferible aceptar que Pablo se refería a los "espirituales" en el mismo sentido positivo que usa en 1 Corintios 2:15–3:4. Allí contrasta a los creyentes espirituales de Corinto con aquellos que eran "carnales", o de mente mundana. A estos los llamaba niños cristianos, que estaban más preocupados con su posición y gratificación de sí mismos que con la mente de Cristo o con el servicio al prójimo.

Pablo reconoce que los creyentes pueden pecar, y pecan y caen. Aunque todos los pecados son detestables para Dios y deben ser combatidos, hay ciertas transgresiones que son especialmente dañinas para el compañerismo dentro de la iglesia. Estas faltas deber ser tratadas según los cánones de la disciplina cristiana. Es decir, aquellos que son espirituales y cuyas vidas dan evidencias del fruto del Espíritu tienen la responsabilidad de tomar la iniciativa de buscar la restauración y la reconciliación de aquellos que han sido sorprendidos en tal tipo de error.

¿Y cómo debe hacerse esta restauración? Pablo dice "restauradle con espíritu de mansedumbre". No especificó aquí en Gálatas el procedimiento para aplicar la disciplina de la iglesia, pero es de suponer que el conocía el dado por Jesús en Mateo 18:15–17.

Cada uno llevará su propia carga (vv. 4–5)

Pablo nos dice contundentemente: "Cada uno someta a prueba su propia obra." Dios no nos responsabiliza por los dones que ha dado a otros. La palabra para *prueba* es la misma usada para la prueba exigente a que se somete el oro para determinar su pureza. No debemos compararnos con el pastor fulano o con el diácono

"Restaurar"

Esta palabra significa "poner en orden, devolver a la condición original". En varias partes del Nuevo Testamento (Mt. 4:21; Mr. 1:19) esta misma palabra se usa para referirse al remiendo o restauración de las redes de pesca. También formaba parte del vocabulario médico en la antigua Grecia, donde se usaba para significar el arreglo de un hueso fracturado o dislocado. En 1 Corintios Pablo usa esta palabra en un sentido ético para exhortar a los belicosos corintios a poner a un lado sus disensiones para que logren "restaurar" la unidad de pensamiento y acción. (1 Co. 1:10).

zutano. Lo que Dios quiere es que traigamos nuestra vida y la analicemos a la luz de su santa Palabra.

Hay dos aspectos de este escrutinio o examen ante Dios: (1) Un examen serio de nosotros mismos, y (2) una evaluación en que Cristo pondrá todo al descubierto, cuando cada creyente comparezca ante su trono de juicio para dar cuenta de la mayordomía de su vida. Este versículo tiene importantes implicaciones para la espiritualidad cristiana, y bien hacemos en prestar atención a su mensaje.

A lo largo de su carta a los Gálatas, Pablo da por sentada una fuerte orientación hacia la doctrina de los últimos días. Utiliza el tiempo futuro del verbo llevar "cada uno llevará su propia carga". Con esto indica que estaba pensando no sólo en alguien que individualmente llevara su propia responsabilidad aquí en esta vida, sino más bien en la futura rendición de cuentas de cada cristiano ante el trono de juicio de Cristo.

El hacer partícipes de la cosas buenas a los maestros (v. 6)

Pablo introduce otra enseñanza práctica sobre el comportamiento como un ejemplo de responsabilidad espiritual.

Cuando somos enseñados por un maestro, debemos contribuir al sostenimiento de ese maestro. Pablo debe haber temido que la mención de que cada uno lleve su propio carga (v. 5) pudiera llevar a los gálatas a cesar de apoyar económicamente a los que les ministraban.

Parece ser que en la iglesia primitiva se comenzó a desarrollar un grupo de maestros que dedicaban bastante tiempo a esta importante tarea y por consiguiente necesitaban ser ayudados por la congregación. El mismo Pablo pensaba que tenía el derecho a ser ayudado por aquellos a

"Cargas que se comparten y cargas que no se delegan"

Los versículos 2 y 5 parecieran contradecirse. Thomas Lea resalta que las dos palabras griegas traducidas para los conceptos especificados aclaran la aparente dificultad. El término "carga" usado en el versículo 2 se refiere a un peso aplastante sobre la vida de uno que deseablemente debe ser compartido. En el versículo 5, el término "carga" se refería al morral de los soldados y se asimila a las responsabilidades de cada uno en su propia vida, las cuales no pueden ser compartidas con otros. Algunas cargas son tan pesadas que necesitamos que nos ayuden. Otras cargas son de nuestra exclusiva responsabilidad.

quienes servía. El aceptó ayuda de los filipenses porque éstos decidieron que debían participar en los gastos de su ministerio, pero rehusó la ayuda de los gálatas porque estos lo habían acusado de aprovecharse de ellos (Fil. 4:14–18; 1 Co. 9:6–18; 2 Co. 11:7–11).

¿Qué nos dice el versículo 6 a nosotros hoy en día? Primero, que la responsabilidad prioritaria del pastor es enseñar y predicar la Palabra de Dios. Los otros aspectos del ministerio, aunque valiosos, deben estar subordinados a esta tarea fundamental pues, "agradó a Dios salvar a los creyentes por la locura de la predicación" (1 Co. 1:21).

Segundo, hay una relación especial entre los que enseñan la Palabra de Dios y los que la oyen y reciben. Un trabajador es digno de su salario; un pastor fiel no debe ser tomado como si lo merecieran gratis, sino por el contrario, deben reconocerlo como un regalo especial del Señor y que merece ser debidamente sustentado en todas sus necesidades. Por último, al recibir ese apoyo de su gente, los pastores deben cuidarse de dos tentaciones:

1. Los pastores que han sido bendecidos con abundantes bienes materiales pueden inclinarse a olvidar el objetivo fundamental de su ministerio y dejarse seducir por esa tentación, "porque raíz de todos los males es el amor al dinero (1 Ti. 6:10).
2. Es posible que un pastor se acostumbre a una vida confortable y que se comporte como un simple mercenario, olvidando que un día deberá comparecer ante Cristo para rendir cuentas de su ministerio al cual fue llamado y del mensaje que tuvo el privilegio de predicar.

El sembrar y el cosechar (vv. 7, 8)

"No os engañéis; Dios no puede ser burlado: pues todo lo que el hombre sembrare, eso también segará." Este es un versículo familiar y es citado a menudo. Sus tres afirmaciones aparecen como si fuera una composición rítmica.

En párrafos anteriores Pablo se refirió a ellos como "gálatas insensatos" que habían sido fascinados por algún engañador maligno. Ahora los instruye para que no se pierdan por esa vía peligrosa. Esta es una fuerte frase que Pablo usa dos veces en 1 Corintios y, en ambos casos, como una fórmula introductoria a una severa advertencia acerca del comportamiento inmoral.

Aquí en Gálatas, la superchería en la que los gálatas estaban en peligro de caer era aun peor. Pablo trató de convencerlos de que Dios no puede ser burlado ni desdeñado

Pablo prosigue para aplicar estas verdades a la situación de los gálatas en los términos del contraste que antes había establecido entre la carne y el Espíritu.

Si continuamos siendo indulgentes con las obras de la carne caeremos más y más profundo en el pozo de la depravación y, con toda certeza, lo que vamos a cosechar será ¡corrupción!

"Burla"

Esta palabra no se encuentra en ninguna otra parte del Nuevo Testamento, aunque es bastante usada en otro tipo de literatura griega. Literalmente significa "levantar la nariz en señal de desprecio o desdén". Las referencias a esta palabra en el Antiguo Testamento están vinculadas a los profetas de Dios, que con frecuencia eran despreciados o desdeñados. En sólo una oportunidad se usa esta ofensiva palabra en un desdén blasfemo al mismo Dios.

"Corrupción"

La palabra *corrupción* conlleva la idea de un cadáver en proceso de descomposición. Las consecuencias del pecado no se pueden ver más vívidamente que en la destrucción del cuerpo humano por la enfermedad, la ruina y la muerte.

- Una persona que invierte en el ámbito de la
- carne, siega corrupción. Una persona que
- invierte en las cosas del Espíritu, siega una
- cosecha de vida eterna.

¡No desmayemos! (vv. 9–10)

Sigue usando el lenguaje figurado de las tareas agrícolas del tiempo de sembrar y cosechar. Aquí Pablo amonesta a sus lectores para que perseveren en la fe, a sabiendas que, a su propio tiempo, Dios cumplirá la promesa y perfeccionará todas las cosas según los buenos deseos de su divina voluntad.

A través de Gálatas 5–6 Pablo instruye a los cristianos de Galacia para que hagan algunas cosas: Expulsar a los perturbadores, amar a su prójimo como a ellos mismos, andar en el Espíritu mediante la manifestación del fruto del Espíritu en su vida, aplicar la disciplina de la iglesia en la restauración de aquellos que hayan caído, ayudarse a llevar las cargas, examinarse a sí mismos a la luz del trono del juicio de Cristo, y a proveer ayuda material para aquellos que los instruyen en la fe. En el versículo 9 Pablo resume todos estos deberes bajo la rúbrica de "hacer el bien".

■ *El mensaje de Pablo a los gálatas es muy sen-*
■ *cillo: "¡No desmayemos!" Confrontados, por*
■ *un lado con la tentación del "legalismo", y*
■ *por el otro con el libertinaje, muchos de los*
■ *convertidos de Pablo en Galacia estaban*
■ *comenzando a desanimarse. Habiendo*
■ *comenzado bien en la vida en el Espíritu,*
■ *estaban ahora en peligro de perder su primer*
■ *amor, abandonando el testimonio y el servi-*
■ *cio y dejándose llevar por discusiones insig-*
■ *nificantes y avaricia egoísta. A estos*
■ *fatigados y espiritualmente exhaustos cris-*
■ *tianos, Pablo les hizo este llamado: "No nos*
■ *cansemos, pues, de hacer bien."*

EL SELLO APOSTOLICO (6:11–16)

Este versículo da inicio al párrafo final de la carta de Pablo a los gálatas. A pesar de que aquí no vemos felicitaciones personales ni declaraciones de intimidad, Pablo no perdió de vista los motivos originales que lo llevaron a escribir esta carta a los gálatas.

La firma autógrafa de Pablo (v. 11)

La mayoría de los eruditos y comentaristas creen que aquí Pablo tomó la pluma de la mano de su secretario y terminó la carta con su propia caligrafía, la cual era de letras muy grandes, hecho este sobre el que les llamó la atención.

Gloriarse en la cruz (vv. 12–16)

Un golpe de despedida (vv. 12–13). A través de Gálatas, Pablo siempre mantuvo una campaña contra el grupo de falsos maestros, comúnmente conocidos como judaizantes. Estos falsos maestros habían sembrado gran confusión entre los recién convertidos del apóstol al enseñar que era necesario para la salvación convertirse en judíos. Es evidente que los opositores de Pablo eran judíos cristianos misioneros que estaban promoviendo una agresiva campaña evangelística por su propia cuenta. No hay que hacer mucho esfuerzo para imaginar que tenían fuertes lazos con la "iglesia madre" en Jerusalén, especialmente con los del ala ultralegalista.

En estos dos versículos Pablo hace una doble acusación a sus oponentes. Por un lado los acusa de promover una peligrosa desviación doctrinal y, por el otro, de estar usando motivos deleznables e inescrupulosos.

Pablo no negaba que pudiera haber un elemento de motivación sincera entre sus oponentes, pero lo que sí declaraba era que al mismo tiempo había motivos siniestros actuando. Estos judaizantes querían ufanarse y hacer ostentación del número de gentiles cristianos que habían logrado convencer para que se hicieran judíos prosélitos.

¿A qué se debe que Pablo escribiera con letras tan grandes?

Ha habido muchas especulaciones respecto a esta pregunta. ¿Tenía acaso Pablo una visión defectuosa (Cf. 4:15), lo cual le exigió escribir de esta manera tan poco corriente? ¿O sería que su caligrafía no era adecuada, debido a los rudas persecuciones que había sufrido? ¿Pudiera ser que, no siendo un escriba profesional, sino un hombre de trabajo más acostumbrado a trabajar el cuero para hacer tiendas, no supiera manejar los instrumentos de caligrafía? Todas estas son posibilidades intrigantes, pero a ninguna puede dársele total validez.

Es posible que, además de autenticar la carta y hacer ver que era genuina, y asegurar que lo escrito era lo que había querido decir, Pablo quiso recalcar y volver a enfatizar tanto el mensaje de la epístola, como su contribución personal en este mensaje.

La cruz y la nueva creación (vv. 14–16)

En contraste con los falsos maestros que se ufanaban de sus logros, y que estaban especialmente orgullosos acerca de su éxito al ganar creyentes gentiles para que aceptaran la circuncisión, Pablo declaró en los términos más firmes posibles: "Lejos esté de mí gloriarme, sino en la cruz de nuestro Señor Jesucristo."

Pablo desarrolló el tema de la jactancia más que ningún otro escritor del Nuevo Testamento, debido a que el tipo de confianza en sí mismos que conllevaba estaba en marcado contraste con las actitudes de humildad que exigía la gracia divina. Es así como en Romanos 3:21–27, en seguida de su exposición de la justicia de Dios, la cual está aparte de la ley, Pablo plantea la pregunta: "¿Dónde, pues, está la jactancia?" Su respuesta es dogmática: "Queda excluida."

Cuando somos bien conscientes de la maravillosa gracia de Dios, el íntimo pensamiento de glorificación de uno mismo o de jactancia espiritual desaparecen.

El versículo 16 es una bendición condicional: "Y a todos los que anden conforme a esta regla, paz y misericordia sea a ellos." Esta no fue una larga y cordial despedida, como la que incluyó en la carta a los Filipenses, pues sabía muy bien que estaba dirigiendo su carta a iglesias envueltas en serios conflictos sobre materias de doctrina.

En lugar de tratar de suavizar las dificultades en aras de una armonía superficial, Pablo hizo lo contrario: Enfatizó las notables diferencias entre él y sus oponentes, y forzó a los gálatas a tomar una decisión. A un lado de esa decisión estaba la maldición apostólica; del otro, la bendición apostólica.

Las marcas del Señor Jesús (v. 17)

Cuando Pablo dijo que el llevaba siempre en el cuerpo por todas partes la muerte de Jesús (*Cf.* 2 Co. 4:10), y que de manera permanente llevaba las marcas de identificación del Señor, se refería propiamente a las marcas y cicatrices causadas por los sufrimientos físicos que había sobrellevado a los largo de su ministerio apostólico, consecuencia de su indeclinable testimonio a favor del evangelio.

¿Por qué ahora Pablo, al final de esta carta, menciona estas marcas de identificación?

1. Porque los lectores de Pablo iban a identificar las marcas en el cuerpo con la esclavitud.
2. La referencia de Pablo a las marcas de identificación también recuerda la amarga oposición a los falsos maestros y a su inclinación a "gloriarse" en la carne. Pablo ya había dicho que él se gloriaría únicamente en la cruz del Señor Jesucristo (v. 14). Con respecto al ministerio de Pablo, las marcas de identificación eran la doctrina verdadera y la fe, las cuales eran su sello y firme evidencia.

Los esclavos en el mundo antiguo eran con frecuencia marcados con el distintivo de sus amos a manera de etiqueta de identificación. Pablo decía: "Miren, yo también he sido marcado. Soy un esclavo de mi fiel Salvador Jesucristo."

 3.Las marcas de identificación recuerdan al bautismo cristiano, al cual Pablo se refiere en el corazón de esta carta (3:23–28). No podemos y no debemos tratar de duplicar los sufrimientos de Pablo, pues estos eran específicos de su propia misión apostólica. Pero todo creyente que haya sido bautizado "en la muerte de Cristo", se ha identificado con Jesús en sus sufrimientos, así como en el triunfo de su resurrección. El bautismo marca una separación del mundo, y el salir del reino de Satanás y pasar a ser propiedad de Cristo.

■ *En el párrafo final de su carta Pablo resume*
■ *los temas principales a los que se ha dedi-*
■ *cado a través de ella. No perdió de vista su*
■ *razón primordial, la cual era rescatar a los*
■ *gálatas del borde de la apostasía en que esta-*
■ *ban a punto de caer, y llevarlos a una fe*
■ *sólida en el único evangelio de Jesucristo.*

BENDICION (6:18)

Ya en el versículo 16 Pablo había impartido una bendición de "paz y misericordia". Aquí concluye su carta con una segunda bendición, la cual era una oración en que pedía la gracia del Señor Jesucristo para que estuviera con los gálatas, a quienes de nuevo había llamado "sus hermanos". Pablo comenzó su carta con la acostumbrada salutación de gracia (1:3), y termina con la misma fórmula, señalando hacia el tema que ha sido su principal preocupación a través de la epístola. Esta es una conclusión adecuada para esta carta tan tumultuosa. Es como si Pablo estuviera diciendo a los gálatas:

Queridos hermanos: Al escribirles de esta manera les he hablado con toda franqueza. Ahora saben con exactitud cuál es la carga que llevo en el corazón. Terminaré la carta en la misma forma como la comencé, encomendándoles a la grandiosa y maravillosa gracia de nuestro Señor Jesucristo. Lo único que me queda por hacer es orar desde el fondo de mi corazón para que Cristo confirme la obra que he realizado en ustedes, restaurándoles a la verdad del evangelio y concediéndoless el don de perseverar hasta la vida eterna. Que así sea. ¡Amén!

PREGUNTAS PARA GUIAR SU ESTUDIO

1. Pablo contrastó a los que eran "carnales" con los "espirituales". ¿Qué quería decir Pablo con "espirituales"?

2. ¿Qué significa "restaurar" a un hermano que ha caído en pecado?

3. Describa el principio de Pablo figurado en los términos agrícolas de segar y sembrar. ¿Cómo los aplicó, específicamente, a la situación en Galacia?

4. ¿Qué quería decir Pablo con "gloriarse" en la cruz? ¿Cómo contrastó este gloriarse con el de los falsos maestros?